¡Sssssshhhhhhhhhhh!

Haz del teatro algo íntimo

Llévalo siempre en el bolsillo

Cubierta y diseño editorial: Éride, Diseño Gráfico
Dirección editorial: ángel jiménez

Primera edición: mayo, 2024

Chelsea Hotel
© Ángel Caballero
© Del prólogo: Ignacio del Moral
© VdB, 2024
Espronceda, 5
28003 Madrid

VdB®

ISBN: 978-84-19850-57-7
Depósito Legal: M-11777-2024
Diseño y preimpresión: Éride, Diseño Gráfico

 Este libro protege el entorno

chelsea hotel

Ángel Caballero
(Málaga, 1986)

Dramaturgo, actor y director de teatro. Después de quince años dedicado íntegramente a su carrera como actor, desde 2018 compagina este oficio con la dirección, la dramaturgia y la producción teatral. Su ópera prima *Donde mueren las palabras*, estrenada en varios países y publicada en 2019, fue finalista al Premio Nacional de Literatura Dramática. En 2021 publicó *El último baile de Miss U.*, estrenada en el Teatro Pavón de Madrid, una obra inspirada en la vida de la actriz y Miss Universo Amparo Muñoz, que fue representada en el marco del XII Congreso Internacional para la investigación de la violencia contra la mujer, organizado por la Junta de Andalucía en Sevilla.

Como actor ha intervenido en series de TV como *El marqués, Desaparecidos, Brigada Costa del Sol, El continental, Entre olivos, Perdóname Señor, Centro médico, Los misterios de Laura, Carmina, la historia de Carmina Ordóñez, Arrayán, El divo, Sexo en Chueca, Estados alterados, Maitena*. En cine, en las películas *Gernika, Libertador, Cementerio de elefantes, Mafia* o *¿Y tú que miras?*

En teatro, como director o actor, en *La vida que se merecen, Ayúdame a olvidarte, Todo sobre Vázquez, La distancia entre tus ojos y los mios, No te arrepentirás, La caja en el desván, Miguel de Molina: frente al espejo, Volveremos a hablar de esta noche* y *la katarsis del tomatazo*.

ÁNGEL CABALLERO

chelsea hotel

Esta obra se estrenó en el Teatro Echegaray de Málaga,
el 20 de enero de 2024, interpretada por Laura Ledesma (JANIS)
y Ángel Caballero (LEONARD).

Dirección: Ángel Caballero.

A mi madre y a mi abuela Rosario
por darme alas para volar.
A Jaime por acompañarme en cada paso del camino.
A Cohen y a Joplin por *prestarme* su historia.

Te recuerdo bien en el Chelsea Hotel.
Tú eras famosa, tu corazón era una leyenda.
Me dijiste que preferías hombres guapos
pero que por mí harías una excepción.
Leonard Cohen, Chelsea Hotel #2

Descubrí a Ángel Caballero como autor viendo su obra *Donde mueren las palabras*, hace algunos años en el mismo espacio donde pude ver este *Chelsea Hotel*.

Iba sin especial expectativa, por amistad. Pero el texto, que al principio, por sus hechuras y la sencillez del lenguaje me sugería —y no es poco— una agradable comedia dramática en torno a temas muchas veces tratados, aunque siempre oportunos, como la amistad, el paso del tiempo y la madurez fue revelando un firme trazo en los personajes, un sostenido sentido del ritmo y un saludable y compasivo amor por las criaturas que poblaban el escenario, presas de sus contradicciones y sentimientos.

Me pareció entender que había algo de autobiográfico en el texto, cómo no, pero lejos del narcisismo que tantas veces recorre el mundo escénico con el auge de la *autoficción*, era capaz de hablar con lucidez y la distancia justo de un momento vital por el que quién más, quién menos, todos hemos pasado, ese momento en el que empezamos a traicionar al adolescente que fuimos, sin estridencias, con modestia, poesía y un suave sentido del humor.

Un texto que no buscaba ser excepcional, escrito con honestidad, sin cinismos que, además, ofrecía una interesante visión de un tema tan poco frecuentado como es el del afecto entre las parejas, la dificultad que encuentra para expresarse, el pudor ante el hecho de expresar los sentimientos... escrito con una sorprendente soltura, teniendo en cuenta que era el primero que su autor llevaba a las tablas, atreviéndose a dirigirlo e interpretarlo... además de producirlo.

Y es que, tal hemos podido ver en los siguientes montajes de las obras de Ángel, la condición de actor de este dramaturgo es esencial; son obras escritas para el escenario, para servir de punto de apoyo a un trabajo actoral basado en las emociones, sin constructos intelectuales ni artificios más o menos posmodernos. Son textos que se defienden con *dos actores, una manta y una pasión* —aunque, por supuesto, un poco de arropo no les viene nada mal—. Teatro de texto, de personajes, de silencios y respiración, en los que la palabra dicha y la no dicha lo sujetan todo. Palabra en acción, acción generada por la palabra, a partir de la cual se construye todo lo demás. Esto, que antes era lo más frecuente, es hoy un concepto por defender que poco a poco va quedando encajonado como genero: *teatro de la palabra.*

Este *Chelsea Hotel* que ahora vas, lector o lectora, a disfrutar, participa de esas mismas características: es un texto íntimo, que pide proximidad —cómo me gustan los teatros pequeños, aunque entiendo que en ellos hay pocas butacas que vender— y que se dibuja con sus diálogos. En este caso, se despliega ante nosotros una danza de almas solitarias que se encuentran, se tantean, se buscan, se acercan, se alejan, se hieren, se acarician… en medio de un entorno misterioso, entre la realidad y el sueño, en un territorio y un tiempo míticos que no vivimos directamente —aquí andábamos en otras cosas—, pero en los cuales se formó el núcleo de una cultura musical que, tras varias décadas de influencia, fue quedando atrás, dejando, eso sí, canciones, poemas y biografías icónicos.

Janis Joplin y Leonard Cohen —la estrella fugaz del rock y el sosegado, intenso y longevo cantante-poeta— protagonizan un reencuentro en el mismo lugar donde coincidieron y se amaron —y esto sí es histórico— años atrás. Y es como reencontrarse, no con unos personajes a quienes no conocimos, sino con unas voces que aún resuenan en la forma de ver la existencia —con el sexo, claro ocupando un lugar central—; esa forma de sufrir la vida, de disfrutarla, de enfrentarse a ella, que caracterizó a al menos dos generaciones.

El texto evoca, con amor, pero sin nostalgia, no tanto —o no solo— a unos personajes concretos como una manera de sentir, de estar en el mundo, o de soñarlo, que generó una cultura que nació en tiempos analógicos, que tenía la ambición de cambiar las cosas, tanto en el interior de las personas como en la sociedad. Una cultura que inmoló a muchas de sus criaturas más brillantes, quemadas en el fuego de su propia sensibilidad, o fatalmente atraídas por el por entonces insuficientemente explorado espejismo de las drogas.

Tal vez a muchos espectadores o lectores por debajo de una determinada edad lo que se cuenta en *Chelsea Hotel* les resulte ajeno. No es que no vayan a disfrutarlo, pero esa forma de exponerse, de dejarse atravesar por los sentimientos, de tratar de apurar el mucho o poco tiempo que les está dado permanecer en la vida dejándose arañar, sabiendo que no hay respuestas, solo repreguntas, no es, según creo, propio de la generación actual, tan sujeta al sufrimiento y al miedo, a la esperanza y al consuelo como cualquier otra, pero para quienes ese sufrimiento viene de lugares distintos, y buscan esa esperanza y ese consuelo en otras fuentes. Pero esa misma generación va a descubrir, como mínimo, a dos artistas geniales, porque es imposible no ponerse a escucharlos después de ver o leer la función.

Odio la nostalgia, ese *photoshop de la memoria*. No creo que los tiempos pasados fueran mejores, tampoco, claro, que los actuales sean peores. Pero sí soy propenso —a ratos— a la melancolía, y la siento al ver la cantidad de nombres con los que crecí y que se han ido desvaneciendo. Sé que pertenezco a esta época actual tanto como a cualquier otra que haya

vivido, y espero que aún me esperen algunas
alegrías; pero me cuesta identificarme con este
tiempo y con muchas de las cosas que me ofrece: a partir de un momento, uno piensa más
en de donde vino que adónde va, porque el
futuro no solo es más breve, sino que, pre-
sumiblemente, va a deparar pocas sorpresas.
Menos incluso que el pasado que, al ser evo-
cado, revela facetas que en su momento pa-
saron inadvertidas.

Por eso, leo o escucho esta obra sin poder
evitar ver en ella algo elegíaco. No son dos
personajes, es un mundo el que se desvanece
cuando se van bajando las luces y se hace el
oscuro final, tras este baile, a este *pase a deux*,
en el que lo que bailan son las palabras, las
miradas… sin grandilocuencia, sin estriden-
cia, dejando que los personajes se miren a los
ojos, se toquen sin discursos ni alardes orato-
rios, mostrando a través de los diálogos solo
la punta del iceberg y dejando oculta la mayor parte del misterio.

Janis y Leo representaron, seguramente,
dos maneras contrapuestas de vivir el arte. La
primera fue veloz, derrochó energía, rabia, alegría… y ardió como un estrella fugaz. Cohen
fue el hombre tranquilo, poeta, en perpetua
búsqueda espiritual —su judaísmo familiar,
el budismo—, escénicamente aburrido, vocal-
mente contenido… y que tuvo una larga vida.
Compartieron un tiempo —el poco que Janis
vivió— y, como decíamos, se encontraron entre las paredes de Chelsea.

En el ascensor, para ser exactos: era la primavera del año 1968 —primavera icónica por varias razones—. El romance fue fugaz, pero dejó una gran canción, titulada precisamente *Chelsea Hotel*. Tras la muerte de Janis, por sobredosis de heroína, en 1970, Leonard escribió una nueva versión de la canción, llamada *Chelsea Hotel #2*.

Hasta aquí la historia. Y desde aquí la leyenda, la fantasía y la poesía. La poesía que se encierra en este texto cálido y emotivo que confirma a un autor de quien seguiremos recibiendo, espero, regalos como este.

Ignacio del Moral
Abril de 2024

Personajes

JANIS   Janis Joplin

LEO   Leonard Cohen

Acto I

Se enciende una suave luz y vemos una estrambótica habitación de hotel llena de luces y cortinas de distintos colores, y un gran ventanal por el que asoma un letrero de neón iluminado en el que se puede leer «Chelsea Hotel». En una esquina hay una cama con una vieja colcha patchwork de estilo setentero. Enfrente de la cama hay un televisor antiguo y al lado una pequeña mesa con unos utensilios básicos de cocina. Al fondo del dormitorio una puerta que da al cuarto de baño.

Aparece JANIS, *veintisiete años, con el pelo revuelto. Lleva un pantalón de cuero y un chaleco de colores muy vivos, pero que no tienen nada que ver entre sí. Su cuello está rodeado por una boa de plumas de colores.*

JANIS (*Se sirve una copa y tararea mientras se mira en un viejo espejo. Entra* LEO. *Treinta y tantos años, poco agraciado físicamente, pero con algo especial que lo hace enormemente atractivo. Lleva un sombrero, gabardina, una camisa blanca y pantalón negro. Es un lugar que conoce a la perfección. Lo observa todo con recelo, como si algo no encajara. Pero al verla a ella se relaja. Sonríe.* JANIS *se detiene al percatarse de la presencia de* Leo. *Se le escapa una media sonrisa…*) ¿Me buscabas, viejo?

(Leo *se detiene como si le hubieran dado un hachazo.*)

Leo   (*Paranoico, suspicaz, como si recordase por un segundo algo que lo perturba.*) ¿Por qué me llamas eso?

Janis   Siempre te llamo viejo.

Leo   (*Recordando y tranquilizándose.*) Es cierto… (*Confuso.*) Pero… ¿Por qué…?

Janis   Porque sé que te toca las narices.

Leo   (*Sonríe.*) Es cierto (*Desaparece el recelo y vuelve a entrar en su dinámica «de siempre».*) Joder… ¿Cuantas veces te tengo que decir que no me llames así? No te llevo más que unos cuantos años. ¡No soy ningún viejo!

Janis   Lo siento, viejo. (*Pausa.*) Si buscabas a alguna de las chicas de Warhol, tengo que decirte que te has equivocado de habitación… (*Pausa.*) Aunque no te culpo. Menudo ruido están haciendo esta noche las hijas de puta. ¿No las oyes? (*Acercándose a la pared.*) Ven, ven... ¡Escucha! Como se lo están gozando...

Leo   ¿Y si te dijera que te buscaba a ti?

JANIS   (*No se esperaba esa pregunta. Hace una peque-ña pausa extrañada y responde con su habitual tono sarcástico.*) Ya sabes lo que dicen: «Nunca confíes en nadie mayor de treinta».

LEO   ¿Y desde cuando tú te fías de lo que dicen los demás?

          (LEO *enciende un cigarrillo. Está visiblemente inquieto.*)

JANIS   Siempre fuiste un viejo, reconócelo. Un viejo que follaba muy bien, (*Señalándose la cabeza.*) ...pero un viejo de aquí. (*Le coge el cigarrillo y le da una calada.*) ¿A qué has venido?

          (*Él se para a pensarlo, desconcertado; como si desconociera la respuesta.*)

LEO   Ya te lo he dicho. Aunque la verdad... Me ha sorprendido encontrarte.

JANIS   ¿Por qué?

LEO   No... no lo sé... (*Siente que algo anda mal, pero no sabe qué.*) No deberías estar aquí.

JANIS   ¿Por? (*En tono bromista.*) Ah, ya... Me pega más el Palace o el Hilton, ¿verdad? Puedo pagarlos. Y hasta tendría gracia ver la cara que ponen, y cómo tienen que aguantarse las ganas de echarme por estas pintas... Y ser serviles, porque soy una estrella… Pero no, cariño. Mi sitio es éste. El de ambos.

LEO   (*Sigue obsesionado con algo que le ronda la cabeza, pero no identifica.*) No… no es eso. Tú… no deberías estar aquí.

JANIS   Y dale… Ya lo sé, voy, vengo, siempre estoy… estaba de gira… Pero ya ves: ahora estoy aquí. Has tenido suerte.

LEO   Entonces…

JANIS   Entonces… ¿Quieres follar?

LEO   Pues… No lo sé.

JANIS   No lo sabes… Eso sí que es nuevo.

LEO   Bueno, sí tú quieres…

JANIS   (*Irónica, algo ofendida.*) No, por mí no te molestes, ¿Eh?

LEO   No es molestia.

JANIS   Imagino. Quiero decir que por mí no lo hagas.

LEO   Muy graciosa. (*Coge un cenicero y se sienta en la cama.*) Entonces...

JANIS   ¿Es una pregunta o una petición?

(JANIS *ve que él no le sigue la broma y se sienta a su lado. Comparten el cigarrillo.*)

LEO   ¿Ambas?

JANIS   ¿Por qué no? Es lo que mejor hacemos. (JA-
               NIS *comienza a desnudarse con rapidez, mien-
               tras que* LEO *se lo toma con una excesiva –a la
               par que desesperante– calma.* JANIS *se queda ató-
               nita viendo como se quita la gabardina, la dobla
               cuidadosamente y la pone en una silla.*) ¿Ya?

LEO   Sí. (JANIS *continúa desnudándose, displicente,
               con cierta desgana y, a la vez, con ansiedad.*)
               Pero... ¡Espera! No seas burra. (*Pausa. Seduc-
               tor.*) Ponle un poco de romanticismo.

JANIS   ¿Ahora? ¿A estas alturas?

LEO   Sí, puede que tengas razón.

JANIS   Pues claro que la tengo. (*Comienzan a besar-
               se y* LEO *frena en seco.* JANIS *lo agarra por el cue-
               llo y se lanza sobre él. Durante unos segundos,
               él responde. O, quizás, se deja hacer. Pero no
               puede. La aparta.*) ¿Y ahora qué pasa?

LEO   No lo sé... Todo esto es tan raro, estar aquí de
               nuevo... Supongo que estoy un poco descon-
               centrado.

JANIS   Pues concéntrate en mi, cariño, que para eso
               estoy.

LEO   Si ese es el problema… Que me concentro en ti. Y en nosotros…

JANIS   Espera. ¿Tú has venido aquí a echar un polvo o a tener una charla?

LEO   Pues…

JANIS   No, amigo. Lo dejaste muy claro la última vez. Solo sexo. ¿Recuerdas?

LEO   Sí, lo sé… pero es que… me gustaría hablar contigo.

JANIS   Vaya, eso sí que es nuevo.

LEO   Yo… ya no soy la misma persona. He cambiado. (*Pausa. Parece como si tratase de recordar algo y fuera consiguiendo retazos, poco a poco.*) Todo ha cambiado.

JANIS   (*Muy cabreada.*) ¡Ya sé que todo ha cambiado! (*Pausa. Se lanza a por más tabaco, con ansiedad.*) Me lo temía. Cuando te he visto ahí plantado, con esa cara de desconcierto melancólico…

LEO   Mi cara es así.

JANIS   (*Irónica, pero no hiriente. Herirse desde el humor es parte de su complicidad.*) Sí, eso es verdad.

LEO   (*Alterado, a su manera pausada.*) No sé... (*Preo-*
           cupado.) Supongo que todo esto... Volver
           aquí... (*Pausa.*) Es inevitable pensar en la no-
           che que nos conocimos. (*Lo dice como si fue-*
           se un hito en su vida, un recuerdo realmente im-
           portante y único.) La noche que pasamos jun-
           tos en esta habitación...

JANIS   ¿En serio? (*Pausa. Le afecta, más de lo que quie-*
           re admitir, que realmente significara algo para
           él. Pero, por supuesto, se sirve de su coraza iró-
           nica. No va a dejar que él lo note...) Fue una
           buena mamada, ¿Eh?

           (LEO *se levanta, molesto, de la cama.*)

LEO   ¿Eso es lo único que recuerdas?

JANIS   No, pero es lo que mejor deberías de recordar
           tú. Está mal que yo lo diga, pero fue una ma-
           mada increíble.

LEO   (*Sonríe, a su pesar, al recordarla.*) Lo fue. Fue
           increíble.

JANIS   Así me gusta, que seamos fieles a nuestros re-
           cuerdos.

           (JANIS *se muestra cómplice con él y lo sigue por*
           la habitación. Se queda a su lado y le pone la
           mano en la entrepierna. Él se aparta.)

Leo   Pero no fue solo eso…

Janis   La verdad es que estuvo bastante bien. (*Reco-
          noce, a regañadientes.*) Vale, sí… Tienes razón.
          Hablamos. Hablamos mucho. (*Pausa. Confie-
          sa, íntima.*) Nos dimos cariño… (*Se arrepien-
          te de mostrarse vulnerable. Vuelve a centrarse
          en el sexo y la ironía.*) Grité tanto esa noche
          que al día siguiente, al llegar al estudio de gra-
          bación, apenas tenía voz.

          (*Riéndose.*)

Leo   Cierto. Una de las mejores actuaciones que te
          he visto…

Janis   Las mejores siempre son las privadas, chato.

Leo   El caso es que al entrar aquí… Al volver a ver-
          te… Se han disparado tantos recuerdos… Lle-
          vaba tanto tiempo sin… pensar en… y… no
          sé… me ha invadido una enorme tristeza.

Janis   Ah, no… ¡Eso sí que no! No voy a permitir
          que me eches la culpa de tus depresiones y tus
          movidas. O lo que es peor, que te compadez-
          cas de mí. Eso sí que no lo soporto.

Leo   No es eso. Es que… te fuiste antes de que pu-
          diera… Y luego… No volví a verte. Nunca. (*Ex-
          trañado.*) ¿Por qué no volví a verte? Pasó…
          algo…

JANIS   (*Lo interrumpe abruptamente. No quiere que re-
             cuerde. Aún no.*) ¡Que no! Culpa a tus padres,
             a las drogas, al alcohol, a las mujeres... A lo
             que quieras, pero a mi no.

LEO   Lo que te quiero decir es que... te he echado
             de menos.

JANIS   (*Escéptica. Y tal vez, solo tal vez... esperanza-
             da.*) ¿En serio?

LEO   Sí... (JANIS *le pone las piernas sobre el regazo.*)
             ¿Qué haces?

JANIS   (*Aparentemente apasionada y sensual.*) Demués-
             tralo. (*Sonríe, canallita, como si disfrutara tor-
             turándole.*) Dame un masaje.

LEO   (*Decepcionado y algo cabreado.*) ¿Quieres que
             te demuestre que te he echado de menos... ma-
             sajeándote los pies?

JANIS   Veo que se avecina una de tus charlas y, para
             poder soportarla, tengo que estar limpia...
             ¡Ups! (*Riéndose.*) ¡Qué lapsus! Quise decir re-
             lajada... Y ya sabes que nada me relaja más en
             el mundo que un buen...

LEO   Podemos mantener una conversación sin te-
             ner que hablar de...

JANIS ¡Masaje! Nada me relaja más que un buen masaje en los pies. (*Pausa.*) Pensabas que iba a decir «chute», ¿No?

LEO Bueno, yo...

JANIS Tranquilo, viejo. Eso ya está superado. Aquí se supera todo muy rápido...

LEO (*Cree que se refiere al Hotel Chelsea.*) ¿Aquí? ¿En serio?

JANIS (*Lo apremia, para que no piense... y recuerde.*) Venga, dale duro.

(LEO *empieza el masaje con resignación.*)

LEO ¡Es increíble! Estás exactamente igual que la primera vez que nos vimos. Estaba en ese mítico ascensor del Chelsea Hotel...

JANIS
/LEO (*Los dos al mismo tiempo.*) El más lento de todo Nueva York...

(*Ríen.*)

LEO El caso es que estaba ahí cuando entraste. La gran Janis Joplin, la voz más sobrecogedora del momento...

JANIS (*Molesta. Lo interrumpe.*) ¿Del momento?

LEO   ¿De la historia?

JANIS   Eso está mejor...

LEO   (*Continúa.*) Con el pelo revuelto, apareciendo de un salto, como un huracán y marcaste el cuarto piso.

JANIS   (*Fingiendo hastío, como si fuera muy pesado.*) Lo sé, estaba allí... (*Pícara.*) Pero yo ya te había visto antes, en el hall, rodeado de todos esos cuadros...

LEO   Siempre me gustaron esos cuadros. Me recuerdan a mis primeras actuaciones cuando cantaba a cambio de...

JANIS   ¿Comida?

LEO   No, cerveza.

JANIS   Claro... (*Pausa.*) Tenías ese aire intenso y nostálgico... ¡Cómo me ponía! Y me dije: «Nena, este es para ti».

    (LEO *no da crédito, todo esto es nuevo para él.*)

LEO   (*Halagado, aunque disimula y usa la coraza cínica, como ella.*) No mientas.

JANIS   Yo nunca miento.

LEO   Estabas buscando a ese otro cantante country...

JANIS   (*Ella le quita las gafas que lleva en el bolsillo de la camisa, se las pone y empieza a imitarlo.*) Sí, y cuando te pregunté por él, tú dijiste: «Señorita, esta noche está de suerte, soy yo».

(*Ambos se ríen.*)

LEO   Y funcionó.

JANIS   Sí, bueno… ya estabas en mi lista.

LEO   ¿Cómo que en tu lista? ¿Tenías una lista?

JANIS   Siempre hay que tener una lista. La lista de la compra, la de las veinte mejores canciones, la lista de los mejores polvos o de los polvos pendientes… (*Vuelve a insinuarse con el cuerpo.*) Cariño, ¡la lista soy yo!

LEO   ¿Y desde cuándo estaba en ella?

JANIS   Desde que vi la portada de tu álbum. El señor Leonard Cohen, con ese aspecto tan serio… Creo que fue la única vez que me fijé en un tío con traje… (*Pausa. En su voz se percibe, de pronto, sinceridad.*) No… (*Como si acabara de recordar el momento en el que realmente sintió algo especial.*) Fue cuando te escuché por primera vez. Con esa voz tan rota, tan profunda, viniendo desde lo más hondo de ti… Cantando esas letras… Era tan personal… Tan sexi… No sé… Hubo algo que me sobrecogió.

LEO   Gracias.

JANIS   No, hombre. Si soy yo la que tendría que dár-
telas… No sabes lo bien que me lo pasé yo
solita, (*Se toca, mientras recrea el recuerdo.*)
escuchándote cantarlas.

LEO   Y yo pensando que le debía algo al cantante
country…

JANIS   (*Furiosa.*) No me lo zumbé aquella noche, pero
ese hijo de puta me debe más que un buen
polvo…

LEO   ¿No actuasteis varias veces juntos?

JANIS   Sí, era lo único que hacíamos. (*Irónica.*) Éramos tan felices todos juntos…

LEO   ¿Todos?

JANIS   Él, yo… Su guitarra, su banda… y su esposa.
(*Pausa.*) ¡Se casó. ¿Pero a quién se le ocurre
casarse? (JANIS *le lanza una mirada a* LEO…)
Sí, bueno… A lo mejor la rara soy yo.

LEO   Me alegro de que no te lo encontraras esa noche.

     (*Hace un amago de besarla con ternura. Ahora
es ella la que parece incómoda.*)

JANIS   Venga, no te pongas tan cursi que, si mal no recuerdo, yo no era la única que iba buscando a otro. Estabas loco por encontrar a Brigitte Bardot.

LEO   Creo que salí ganando con el cambio.

JANIS   (*Se le ilumina la expresión con una gran sonrisa.*) Gracias, viejo. (*Suspira, triste.*) No éramos tan guapos, pero nos unía la música…

LEO   El sexo…

JANIS   La fama…

                 (*Ambos se van acercando como si fueran a besarse.*)

LEO   Las drogas…

JANIS   Si mal no recuerdo, no hubo drogas esa noche… No fue porque no las deseara. No me habría importado… compartirlas. (*Pausa.*) ¿Dónde se metería ese maldito camello?

LEO   Di mejor «qué se metería».

JANIS   Qué no se metería… (*Ambos ríen.*) Se lo quedó todo para él, el muy cabrón.

LEO   Y así acabó.

(*Los dos se quedan en silencio. Como sin saber que decir.*)

JANIS   (*Incómoda.*) Gracias por el masaje.

LEO   ¿Más relajada?

JANIS   ¿Y tú? (JANIS *le agarra el paquete. Él se aparta.*) Ya veo que no.

LEO   Lo cierto es que fue una suerte que ese camello no llegara. En aquella época estaba enganchado a algo que no me dejaba muy activo… Y no me habría gustado defraudarte.

JANIS   No sabes cuánto te lo agradezco. (*Irónica.*) Una polla pequeña se olvida, pero una polla blanda… O una polla fina... O torcida... ¡Qué horror! No puedo con una polla torcida.

LEO   ¿Podemos dejar de hablar de pollas?

JANIS   Vale. (*Pausa. Vuelve a acercarse en tono seductor.*) Pues la tuya está muy bien...

LEO   ¿Eso crees?

JANIS   (*Alejándose.*) Ahora sí quieres hablar de pollas, ¿no? ¡Como sois los tíos! Nunca queréis hablar de nada, hasta que se habla de vuestra polla.

LEO   Eso no es cierto.

JANIS   Ah, ¿no? ¿Prefieres que hablemos de mi vagina?

LEO   Pero mira que eres bruta.

JANIS   Y eso que he dicho «vagina» y no coño.

LEO   (*Acariciándole la cara.*) Prefiero hablar de tus labios. Podría escribir un poema sobre estos labios.

JANIS   ¿Hablas de los de arriba o de los de abajo?

LEO   (*Separándose de ella.*) ¡Se acabó!

JANIS   No. Venga, viejo... Estaba de broma.

LEO   Para ti todo es una broma.

JANIS   Y eso te encanta.

LEO   (*Cambiando de tema. Refiriéndose a un viejo tocadiscos.*) No me había fijado en esto. ¡Dios! Como me gustaba el sonido de la aguja rayando el vinilo. (*Pausa.*) Ese ritual de comprar el disco, querer llegar a casa corriendo para escucharlo una y otra vez, y simplemente sentarte a disfrutarlo sin la necesidad de hacer otra cosa.

JANIS   «¿Gustaba»?

LEO   (*Extrañado… y algo asustado, como si hubiera
           tenido otro destello, un fogonazo de recuerdo.
           Que prefiere ignorar.*) Me gusta… (*Incómodo.
           Cambiando de tema.*) Siempre me ha gustado
           mucho este hotel.

JANIS   ¿En serio?

LEO   Recuerdo perfectamente la primera vez que
           estuve delante de esa enorme fachada de la-
           drillo rojo. Me sentía triste, melancólico…

JANIS   (*Irónica.*) ¿Tú? ¡Qué raro!

LEO   Había llegado esa tarde a Nueva York. Salí a
           pasear, me comí una hamburguesa con queso
           y no sé cómo llegué hasta aquí. Entré y me
           puse a buscar a Dylan Thomas…

JANIS   ¿El poeta? ¿Pero no estaba muerto?

LEO   Sí, eso no fue de mucha ayuda.

JANIS   ¿Pero tú qué te habías metido?

LEO   Cualquiera sabe. (*Pausa.*) Siempre me han
           gustado los hoteles en los que, a las cuatro de
           la mañana, puedes llevar un oso, un enano y
           cuatro mujeres a tu habitación y a nadie le
           importa.

JANIS   (*Separándose de él.*) Quien sabe… Quizás al-
           gún día te pongan una placa.

LEO — (*Mientras apaga el tocadiscos.*) Estoy seguro de que hay mejores candidatos.

JANIS — Diría algo así como «entre estas paredes y estas sábanas mugrientas, Leonard Cohen echó los mejores polvos de su vida».

LEO — Tengo mis dudas al respecto... Antes te la pondrán a ti.

(JANIS *se muestra incómoda y cambia de tema.*)

JANIS — Si te pone tan triste pensar en mi... En nosotros... ¿Por qué has vuelto precisamente aquí?

LEO — No sé... es... como estar en un sueño...

JANIS — ¿Un sueño? (*Mira a su alrededor.*) Si quieres llamarlo así... Te confieso que me ha sorprendido verte, no me lo esperaba. (*Pausa.*) Fuiste tú el que decidió marcharse.

LEO — Y tú la que lo hizo.

JANIS — Tú ya lo habías hecho antes...

LEO — ¿Qué?

JANIS — En sentido metafórico. Ya me entiendes... Hablándome aquella noche de tu mujer, y de tu familia...

LEO — Y tú decías que te iban los tíos más guapos.

JANIS   Pero que, tratándose de ti, haría una excepción. (*Se le escapa una pequeña sonrisa.*) ¿Por qué diría eso…?

LEO   Además, yo tampoco te gustaba tanto.

JANIS   Ah. ¿No?

LEO   No.

JANIS   ¿Y como estás tan seguro de eso?

LEO   Pues… porque follaste conmigo la primera noche.

JANIS   Y tú conmigo.

LEO   Pero… no es lo mismo.

JANIS   ¿Que me quieres decir?

LEO   Que para las chicas es distinto.

JANIS   ¿Como?

LEO   Cuando a una chica le gusta un tío… Cuando le gusta de verdad, no quiere follar la primera noche. Prefiere esperar a conocerlo.

(JANIS *suelta una enorme y sonora carcajada.*)

JANIS   Pero… ¿Quien te ha dicho semejante gilipollez?

LEO   Pues...

JANIS   Además, perdóna que te diga que creo que es lo más machista que he escuchado en años.

LEO   No pretendía.

JANIS   No pretendías, pero lo has dicho. ¿Es que han vuelto a ponerse de moda las películas de Doris Day?

LEO   No soy machista. Solo es algo que pensaba...

JANIS   Mírame. ¿Me ves bien? Soy una tía. Y si me gusta un tío, me lo follo y punto. O si... simplemente estoy cachonda. Pero lo que no hago es esperar a que pasen dos semanas para que me cojas de la mano y luego otras dos para que me des un besito.

LEO   Entonces conmigo...

JANIS   Contigo estaba muy a gusto.

LEO   Y... ¿Te arrepientes?

JANIS   No me arrepiento de nada.

LEO   ¿De nada?

JANIS   De nada. (*Pausa.*) ¿Estás triste de verdad o solo pretendías llamar mi atención?

LEO   Hace años le tenía miedo a la tristeza. Ahora me doy cuenta de que es una parte más de nosotros. Solo hay que saber convivir con ella... y mantenerla a raya.

JANIS   Venga, viejo... que yo estoy de puta madre. Si lo que quieres es deprimirme, no lo vas a conseguir. (*Saca una botella de whisky y dos vasos. Sirve.*) Siempre he vivido como he querido, soy una puta estrella, salgo en las revistas... Y lo mejor... soy fiel a mí misma.

LEO   Creo que, de haber tenido una lista, la habrías encabezado.

JANIS   (*Dolida.*) Sí, y luego habrías colocado a tu mujer por encima al inicio de la página... (*Rehaciéndose enseguida, de vuelta a la coraza risueña.*) Debes hacerte una lista de inmediato. No se puede ir por la vida sin una lista.

LEO   (*Muy serio, intenso. No quiere volver a un intercambio de puyas frívolas.*) ¿Has sido feliz?

JANIS   Qué pregunta... Siempre te gustó hablar mucho después de follar, pero esta moda de hacerlo antes... le baja todo a cualquiera.

LEO   Contéstame, por favor.

JANIS   ¿Pero para qué quieres saberlo?

LEO   Es importante para mi.

JANIS ¿Quieres ver cómo soy feliz? Escuchando música, dejándome llevar por ella... (*Vuelve a su lado y le coge la cara.*) Mirándome en los ojos de un tío que me gusta...

LEO Eso no responde a mi pregunta.

JANIS ¿Y tú? ¿Quieres ser feliz? (*Pausa.*) Pues calla y ven aquí.

(*Le besa. Él responde apasionadamente... hasta que se aparta, agobiado.*)

LEO No puedo. Lo siento.

JANIS ¿En serio? No me jodas... (*Parece contrariada u ofendida.*) ¡Bueno, no pasa nada! Si ya estás pitopáusico, hay que asumirlo...

LEO ¡A mi pene no le pasa nada, gracias! No sé lo que me pasa...

JANIS Que ya no te gusto.

LEO ¡Que sí, loca! ¿Cómo no me vas a gustar? No sé... Muchas veces son más bloqueos de la mente que otra cosa... ¡Le pasa a todo el mundo!

JANIS Créeme. Yo no tengo ningún bloqueo...

(*Vuelve a lanzarse a besarlo. Se arrodilla, como si estuviera dispuesta a «animarlo»... De pronto,*

la expresión de LEO *va pasando al puro terror,*
mientras la aparta. Tiene que hacerlo a la fuer-
za, ella se le ha aferrado y no parece querer sol-
tarlo.)

LEO   ¡Hostiaputa! Ahora me acuerdo.

JANIS   Ya empezamos…

LEO   Tuviste un… un… accidente.

JANIS   ¿De tráfico?

LEO   ¡Sabes a qué me refiero! Estás… estás…

            (*Tras una larga pausa. Le cuesta decirlo.*)

JANIS   ¿Buenísima? ¿Radiante?

LEO   ¡Muerta!

JANIS   Ah, eso… Bueno, sí. Un poco también. No
            te voy a mentir… (LEO, *asustado, va retroce-*
            diendo. JANIS *continúa avanzando, empeñada*
            en tirárselo.) Venga, que lo de estar muerto
            no tiene tanta importancia…

LEO   ¿Que no?

JANIS   Ya verás que un poquito de necrofilia no le
            hace daño a nadie.

LEO   ¿Pero qué dices?

JANIS   Estoy de broma. (*Pausa.*) Te conozco. Ya estás buscando excusas para no follar y pasarte la noche divagando.

LEO   Pues, como excusa, sería buenísima…

JANIS   No te creas. Las he visto mejores.

LEO   (*Asustado.*) ¿Pero cómo es posible? ¿Cómo…?

JANIS   Tienes que relajarte. ¿Te preparo una tila? ¿Un chute?

LEO   ¿Pero cómo puedes tomártelo a broma?

JANIS   Cielo, la vida es una broma. Y la muerte, ni te cuento… (*Lo mira, ve lo asustado que está y se pone seria.*) Está bien, siéntate aquí. Tómate el tiempo que necesites. (*Tratando de calmarlo.*) Te prometo que hablaremos de lo que quieras y lo entenderás todo, pero después…

LEO   ¿Después?

JANIS   Sí, ahora no quiero hablar. Ni pensar. Lo que necesito no son preguntas. Y menos, respuestas. Lo que necesito es un polvo…

LEO   Pero estando… No sé yo…

JANIS   No le des más vueltas. No tiene importancia…

LEO   ¿Como que no?

JANIS   (*Se agacha y le desabrocha el cinturón.*) Mira, tú solo cierra los ojos y disfruta. (*Se vuelve a poner cercana y sensual. Él acepta el «pacto» y se ponen al lío. Se besan, se abrazan...*) Confía en mi... Será una mamada de muerte.

LEO   Muy graciosa. (*Apartándola.*) Espera.

JANIS   (*Visiblemente molesta.*) ¿A qué?

LEO   Pero entonces... ¿Puedes follar?

JANIS   ¿Cómo?

LEO   Lo digo por lo de… ya sabes… (*Buscando las palabras.*) el accidente.

JANIS   Ah, joder. ¡El accidente otra vez! Pues… desde entonces no lo he intentado. La verdad es que no sé si puedo follar. Pero si quieres probar… Raro en mí, ¿no? Va a ser cierto que esto de que estas cosas te cambian un poco… Pero mira, fumar se me sigue dando bien… Seguro que follando sigo siendo igual de buena.

     (JANIS *se abalanza de nuevo sobre él. Comienzan a besarse intensamente mientras se van quitando la ropa.*)

LEO   Janis…

JANIS   ¿Sí?

LEO   Esto... ¿Es real?

JANIS   ¿Acaso importa?

(Las luces del dormitorio van cambiando de color hasta ir apagándose, poco a poco, dejando la escena en penumbra.)

Oscuro

Acto II

*La habitación permanece en penumbra única-
mente iluminada por el reflejo del neón que pro-
viene de la calle.* JANIS *enciende la luz de una
pequeña lamparita, que hay en una mesilla cerca de la cama.*

JANIS   ¿Qué? ¿Más feliz?

LEO   Dios.

JANIS   No, ese tío no viene mucho por aquí.

LEO   Qué maravilla.

JANIS   Ha estado bien, ¿eh…?

LEO   No tengo palabras.

JANIS   ¡No me jodas! ¿He dejado al poeta sin palabras? Eso sí que no me lo esperaba.

LEO   Ha sido como si los dos fuéramos uno... Como
si fuéramos uno perdido en nuestros abrazos...
Como estrellas contra el sol.

JANIS   ¡Eso es de una canción tuya!

LEO   ¿La conoces?

JANIS   (*Se muestra incómoda. Se aparta de él.*) Pues claro. La conozco yo y medio mundo.

LEO   Y... ¿No te gusta?

JANIS   No, si la canción bonita es... ¡Preciosa! (*Pausa.*) Ahora bien, que un poquito de originalidad para describir un polvazo de semejantes dimensiones, tampoco habría estado mal.

LEO   Está bien... Ha sido...

JANIS   ¿Cómo ha sido?

LEO   ¿Para qué quieres saberlo?

JANIS   ¡Quiero saberlo!

LEO   Creo que es bastante evidente.

JANIS   Quiero oírlo de tu boca.

LEO   (*Mientras se pone los calzoncillos y el pantalón.*) No es de buen gusto hablar con el autor de su obra.

JANIS   ¡Habla!

LEO   Nuestra historia ya está escrita en las paredes de este hotel... Has sido un ángel desnudo en mi corazón. La mujer de piernas abiertas...

JANIS   Y esa es la letra de *Paper Thin Hotel*...

LEO   ¿Pero es que conoces todo mi repertorio?

JANIS   No, solo las más famosas. Que ahora entiendo por qué son tan populares, porque no debe quedar una sola tía a la que no se las hayas cantado...

      (JANIS, *a medio vestir, se levanta molesta y se va a una esquina a fumarse un cigarrillo. LEO se pone la camisa —sin abrochar—, se levanta y se acerca a los discos.*)

LEO   Hoy, estos discos tienen que valer cientos de dólares.

JANIS   ¿Esta horterada? ¡Venga ya! Ni que fuera un disco de Dylan.

LEO   No es por el grupo, es por el formato.

JANIS   ¿Por qué pagar cientos de dólares por uno de estos vinilos, que seguro que ya habrá cientos de sistemas donde se escuchan infinitamente mejor?

LEO   Los hay. Ahora todo es muy distinto. Pero resulta que lo más *cool* es el vinilo. Lo *vintage* está de moda.

      (*Se acerca a ella. Seductor. Con complicidad.*)

JANIS   ¿*Vintage*?

LEO   Es como se llama ahora a lo viejo o lo anti-
              guo… porque ahora se lleva lo antiguo.

JANIS   Pero cómo va a ser...

LEO   Porque la nostalgia nunca es una buena alia-
              da, y hace que la mente nos juegue malas pa-
              sadas. Ahora, hasta nosotros somos un poco
              vintage.

JANIS   ¿Yo, *vintage*? Perdona, pero yo siempre he roto
              con el pasado. Nadie ha sido más moderna
              que yo.

LEO   De eso hace mucho.

JANIS   (*Sorprendida*.) ¿Tanto? ¿Cuanto hace de...?
              Déjalo, prefiero no saberlo.

LEO   La verdad es que es un poco deprimente. Casi
              nadie sabe o recuerda quiénes fuimos. Ahora
              todo es trap y perreo…

JANIS   ¿Perdona?

LEO   ¡No preguntes! Si escucharas lo que triunfa
              ahora, volvías a morirte.

JANIS   No, en serio… ¿Como es la música que escu-
              cha el público de hoy? ¿Contra quien luchan?
              ¿A quién le cantan?

LEO   A nada trascendental. Por lo general, a los amores sencillos.

JANIS: ¿Como? ¿Pero los jóvenes tendrán algo por lo que revelarse?

LEO   Ya no se revelan ni los carretes de fotos. (*Pausa.*) Créeme, es un mundo completamente distinto. Digamos que es una generación más acomodada. Más emocional que intelectual.

JANIS   Vamos, que son unos borregos.

LEO   Yo no he dicho eso. Son fruto de una época, al igual que nosotros lo fuimos de otra. Todo se puede conseguir al momento y se diluye con la misma rapidez. Es tan... efímero.

JANIS   Como lo fuimos nosotros.

               (*Él le rodea la cintura con el brazo.*)

LEO   Todo resulta tan... familiar, y nuevo al mismo tiempo... Ha sido como estar aquí de nuevo.

JANIS   ¿Y eso de donde lo has sacado?

LEO   (*Señalándose el corazón.*) De aquí.

Janis   (*Haciéndose la dura.*) Eres un cursi...

LEO   (*Comienza a abrazarla lentamente.*) Es como volver a un lugar que ya conoces, pero como si fuera la primera vez.

JANIS   Como la primera vez, pero sin los nervios, las tensiones, sin preguntarte... ¿Estará disfrutando? ¿Lo estaré haciendo bien?

LEO   Y en lugar de eso, el cariño, la complicidad, los recuerdos...

JANIS   Había olvidado lo mucho que me gustaba...

LEO   ¿El que?

JANIS   ¿Ves? Ahora eres tú el que quieres que hable...

LEO   Venga...

JANIS   (*Acariciándole la cintura.*) Esto.

LEO   ¿Mi cintura?

JANIS   Tus oblicuos. Creo que nunca me había fijado en los oblicuos de un tío.

LEO   Son así de nacimiento.

JANIS   Hacía décadas que no pasaba un rato tan maravilloso. Literalmente hablando.

LEO   Una noche tan maravillosa. En todos los sentidos.

JANIS   Pues la noche aún no ha acabado.

LEO   ¿Hay más?

JANIS   Mucho más.

LEO   (*La besa.*) No quiero despertar de este sueño.

JANIS   (*Apartándolo.*) Espera. ¿De verdad piensas que
           esto es un sueño?

LEO   Uno que no quiero que acabe...

JANIS   Uy...

           (JANIS *se aparta y va a la mesita a buscar lo que
           parece un cigarrillo.*)

LEO   ¿Qué pasa?

JANIS   ¿Quieres?

LEO   Paso del tabaco. Lo estoy dejando poco a poco.

JANIS   Un poco tarde para eso, ¿no crees? Además,
           es un porro.

LEO   Paso.

           (JANIS *le enciende el porro y se lo mete en la
           boca.*)

JANIS   Créeme. Lo vas a necesitar. (LEO *le da una calada grande.*) ¡Cuidado! (*Pausa.*) ¿A que es una pasada?

LEO   Ya lo creo que sí. ¿Lo compartimos?

JANIS   No, creo que necesitas uno entero. Y sin mucho tiempo entre calada y calada.

LEO   ¿Qué ocurre?

JANIS   Y yo necesito otro… Pero que sepas que el próximo te toca hacerlo a ti.

LEO   ¿Ya estás pensando en el próximo?

JANIS   (*Tocándole el paquete.*) ¿Tú no?

LEO   Siempre se te dio fatal liarlos.

JANIS   No, siempre me dio pereza. Y fingía que se me daba mal para que lo hicieras tú.

LEO   Por qué será que no me extraña en absoluto. (*Pausa.*) ¿No me vas a responder a la pregunta?

JANIS   ¿Qué pregunta?

LEO   ¿Eres feliz?

JANIS   Joder. ¡Pero qué tío más pesado! Pues mira, hasta hace unos minutos lo estaba siendo.

(*Silencio.*) ¿Por qué quieres saberlo? ¿Tú has sido feliz?

LEO   No lo sé.

(*Se hace un silencio.*)

JANIS   Pero… ¿Y qué más te da? Solo era una tía a la que echaste un polvo una noche… Habrás echado miles de polvos…

LEO   Tú no eres como las demás.

JANIS   Yo era famosa.

LEO   Muchas otras también lo son.

JANIS   Vale, soy una cantante..

LEO   La mejor.

JANIS   Bueno, tampoco te flipes, ¿Eh? Ya fuera de coñas… Tengo fuerza y eso, pero… No soy como la puta Billie Holiday o Aretha Franklin… Ellas sí que son grandes. Son auténticos genios… Te pueden exprimir con solo dos notas, y yo… Yo nunca he sabido hacer eso. Lo único que tenía era fuerza.

LEO   ¿Por qué eres tan autodestructiva?

(*Pausa.* JANIS *le lanza una mirada desafiante de desaprobación.*)

JANIS   ¿Como dices?

LEO   Perdón... Quiero decir... ¿Como puedes no ser consciente del enorme talento que tienes? De todo lo bueno que hay en ti...

JANIS   Vamos, no me vengas ahora con el rollo de que yo soy especial, porque no lo soy. O sí, pero no en el sentido que tú dices. Yo soy la rara. La respondona, la desequilibrada, la enganchada, la facilona, la fea... Pero nunca fui la tía encantadora. La perfecta amiga, la buena hija... Ni tan siquiera fui la guapa de la clase. Yo soy la que no encaja en ningún sitio...

LEO   El ser humano suele sucumbir ante la necesidad vital de ser parte de algo. Ese deseo irrefrenable que tenemos desde niños de ser aceptados, y que con los años desarrollamos formando parte de alguna absurda tribu urbana...

JANIS   Yo hace tiempo que superé ese complejo de patito feo, esa necesidad de ser aceptado...

LEO   ¿Y como lo hiciste?

JANIS   Yendo a la fiesta de antiguos alumnos del colegio.

LEO   ¿En serio?

JANIS   Te lo juro. Creo que es algo que todo el mundo debería hacer. Te diría que es hasta terapéutico.

LEO

Las únicas que he visto han sido en las películas.

JANIS

Pues es... exactamente igual que en las películas, pero mejor. Yo fui con mis mejores galas, dispuesta a demostrarles a todos aquellos que me habían machacado de pequeña que había triunfado, que era una estrella. ¿Pero sabes qué fue lo mejor?

LEO

¿Qué?

JANIS

·Que no hizo falta. Todo el mundo sabía quien era yo. Todos estaban al tanto de mi música, y de lo que la prensa publicaba sobre mí.

LEO

Nunca subestimes el poder de la fama.

JANIS

Lo sé. Y sé que seguramente me trataron así porque soy la anécdota más interesante que podrán contar cuando vayan al día siguiente al mercado o a la peluquería. (*Pausa.*) Una chica, la más popular de la clase, se acercó a mí y me dijo: «No quiero irme de aquí sin pedirte perdón si alguna vez me porté mal contigo», y me dio un abrazo. Yo le dije que no hacía falta, que era normal, que éramos niñas... Pero el abrazo que me dio... Ese abrazo fue tan reconfortante, que, aunque una parte trataba de autoconvencerse de que no necesitaba la aprobación de esa gilipollas, había otra que necesitaba ese abrazo para curar muchas heridas.

LEO   Ya te lo he dicho. Todos necesitamos sentir
             que somos parte de algo. Aunque ese algo sea
             una mierda.

JANIS   Yo hace tiempo que entendí que no había un
             sitio para mi, más allá de mi misma. No era lo
             suficientemente intelectual para que los tuyos
             me consideraran «artiiiista», nunca controlé
             lo suficiente mi voz para que me consideran
             «talentosa», demasiada mujer para muchos
             tíos, y poca mujer para muchas tías...

LEO   Y todo eso es lo que te hizo ser única. (*Pau-
             sa. Ella se queda sorprendida ante su respues-
             ta. Tal vez, esperanzada.*) No es que no fueras
             suficiente para esos colectivos... Es que eras
             demasiado para ellos. La gente se pasa la vida
             pensando que tiene un problema, o que hay
             algo malo en ellos, por no encajar, por no ser
             aceptados... Y no se dan cuenta de la increí-
             ble suerte que tienen de no ser como el resto
             de los mortales.

JANIS   Ojalá mi madre hubiera pensado como tú, o
             esos mamones del colegio que me hicieron
             la vida imposible durante años... O el cabrón
             que me pidió que me casara con él y luego
             desapareció... No se puede salir de todo eso
             sin cicatrices.

LEO   Ya sabes lo que dicen: «No se conoce el amor
             sin que el corazón se te rompa».

JANIS Pues si eso es así... Créeme... Yo supe lo que era el verdadero amor. (*Pausa.*) Y desde entonces me he pasado la vida, y la muerte, amargada por no poder disfrutar de las cosas...

LEO ¿De qué cosas?

JANIS De todo lo bueno que me ocurría, por grande o pequeño que fuera.

LEO Anhedonia.

JANIS ¿Qué?

LEO Anhedonia. Es la incapacidad para poder disfrutar de los estímulos placenteros.

JANIS ¿Estás de coña?

LEO Que va.

JANIS Te lo acabas de inventar.

LEO He invertido años de terapia y miles de dólares solo para identificar esa palabra.

JANIS ¿Y tiene cura?

LEO Si la hay, yo nunca la encontré. Solo conseguí calmarla cuando estaba...

JANIS ¿Qué? ¿Colocado? Recuerda con quien estás hablando. No me voy a asustar. Conozco perfectamente esa sensación. (JANIS *le lanza una mirada cómplice. Él desvía la mirada y se dirige a por una copa.*) Venga, cambiemos de tema que estamos de una intensidad...

LEO   Profundos, diría yo...

JANIS   ¡Qué horror!

LEO   En el fondo te encanta...

JANIS   Bueno, ¡Qué remedio! Somos fruto de la contracultura de los sesenta...

LEO   Vale, tienes razón.

JANIS   Esta frase sí que me encanta.

LEO   Eres difícil, imprevisible... Y jodidamente rara, pero... dulce como pocas.

JANIS   ¿Tú crees? Entonces... ¿Por qué no me elegiste?

LEO   No tenía nada que ver contigo. Era solo... que no eras ella.

JANIS   Nunca fue fácil ser nosotros, ¿verdad? Siempre fuimos tú y yo, pero nunca nosotros. ¿Éramos amigos? ¿Éramos compañeros? No, éramos dos estrellas de la música que podían tirarse a quien quisieran, pero que siempre buscaban lo más exclusivo. Y míranos ahora... Aquí estamos otra vez. Más tiesos que un palo, después de palmarla...

LEO   Perdona, ¿qué?

JANIS   ¿Que?

LEO   ¿Que acabas de decir?

JANIS   ¿Yo? Nada.

LEO   ¿Has dicho que estamos muertos... en plural? ¿Que yo estoy muerto?

           (JANIS *no sabe que decir.* LEO *la busca con la mirada esperando una respuesta.*)

JANIS   Mira el lado bueno, ¿a que ya no te parece tan mal tirarte a una muerta?

LEO   Es una broma de muy mal gusto.

JANIS   Además, acabas de decir que no querías despertar de este maravilloso sueño... Pues ya está. No vas a despertar.

LEO   No. Esto es una broma. ¡Tiene que ser una broma!

JANIS   Eso mismo llevo yo repitiéndome una eternidad. O será la anhedonia esa...

LEO   ¿Y tú lo sabías?

JANIS   Desde que has aparecido aquí.

LEO   ¿Y por qué no me has dicho nada?

JANIS   No sé... Al principio pensé que lo sabías. Y luego llevábamos tanto tiempo sin vernos... Uno no va y le dice a alguien a quien hace siglos que no ve: Hola. ¿Qué tal? Cuanto tiempo... Por cierto, siento mucho que estés muerto. (*Pausa.*) Además, que tampoco se ha dado el momento.

LEO   ¿Y cuando hemos hablado de que estabas muerta?

JANIS   Sí, ese podría haber sido un buen momento.

LEO   ¿Pero qué pasa? ¿Que ahora estamos todos muertos?

(JANIS *echa un vistazo a su alrededor.*)

JANIS   Pues...

LEO   ¡No! Eso sí que no. Me niego.

JANIS   Sabes que esto no va de eso, ¿no? Aquí da igual que te nie...

LEO   (*Fuera de sí.*) ¡Que no! Una cosa es que tú estés muerta, pero yo...

JANIS   ¡Oye!

LEO   Yo no he hecho nada.

JANIS   Bueno, algo sí que has hecho... ¡Morirte!

LEO   ¿Pero como va a ser eso?

JANIS   Pues ya ves... Nacemos y luego...

LEO   ¡No!

JANIS   Está bien... Periodo de negación.

LEO   ¿Qué?

JANIS   Sí, es una especie de periodo de adaptación por el que todos pasamos al principio.

LEO   ¿Y tú como lo superaste?

JANIS   Follándome a San Pedro.

LEO   ¿Como?

JANIS   Y luego me monté una orgía con los doce apóstoles.

LEO   ¿Qué dices?

JANIS   ¿Qué quieres que te diga? Hay algo en las túnicas y las barbas que me pone muy burra.

LEO   ¿Estás de coña?

JANIS   ¡Pues claro! (*Se ríe de su propia broma.*) Tranquilo, es un proceso que, por suerte, no suele durar mucho. Pero tú tranquilo. Tómate tu tiempo... Tenemos toda la vida por delante. O, mejor dicho, toda la muerte.

LEO   Por favor, ¿Podrías no tomártelo a broma? Esto es serio.

JANIS   Está bien. Me controlaré. No haré más bromas... No sea que te mueras de risa. (LEO *le lanza una mirada desafiante.*) Esa era la última. Lo prometo.

LEO   Piensa en... ¿Mis hijos? ¿Mis... nietos? (*Pausa. Como si recordara lo más importante que ha perdido.*) Mi mujer...

JANIS   ¿Por qué siempre tienes la extraña manía de acordarte de ella después de haber follado conmigo?

LEO   No es eso, joder.

JANIS   Ya lo sé...

LEO   ¿Están bien? ¿Como se lo han tomado?

JANIS   Ellos están bien. Estarán bien... ¡Supongo, coño! Yo que sé... ¿Cómo voy a saberlo? ¿Crees que podemos ver lo que hacen, en plan ángel de la guarda? No, guapo. Ya no tienes que preocuparte por esas cosas. Ya no son asunto tuyo. La vida seguirá sin nosotros. Y tienes que aceptarlo.

LEO   ¡No! Me niego... No... no quiero dejarlos.

JANIS   Y no lo harás. (*Más dulce, tratando de reconfortarlo.*) Siempre serás parte de ellos, y ellos parte de ti. Vivirás en su recuerdo. En cada momento que han compartido contigo, en el legado que has dejado... En tus letras, tus canciones... Tú, al menos, tienes esa suerte.

LEO   Pero... ¿Volveré a verlos?

JANIS   Has vuelto a verme a mi, ¿No?

LEO   Pero... ¿Cómo? ¿Cuando he...?

JANIS   ¿Pero quién te crees que soy yo? ¿El oráculo?

           (*LEO está visiblemente aturdido. Se sienta en la cama sin saber muy bien que hacer o qué decir, mientras trata de asimilarlo todo.*)

LEO   Ahora sí que necesito una copa.

           (*JANIS abre un pequeño mini bar lleno de botellines de alcohol. Saca un par de ellos y le ofrece una.*)

JANIS   Pedid y se os dará. (*Silencio. JANIS se sienta a su lado tratando de consolarlo.*) Al principio, es algo confuso. ¿De verdad no te acuerdas de nada?

LEO   Van viniendo imágenes a mi cabeza como si se tratara de una película. (*Le viene esa imagen por primera vez. Le sorprende y, a la vez, la acepta.*) Mi pelo era blanco. (*Busca un espejo, con la urgencia de verse. Comprueba que, en efecto, su pelo vuelve a tener color.*) Y mis manos... (*Mirándose las manos.*) No eran como ahora. (*Pausa.*) ¡Dios! Yo era... soy... ...Muy mayor...

JANIS   ¿Muy mayor?

LEO   Ochenta y dos.

JANIS   ¿Ves? Lo que yo decía: un viejo. (*Seria.*) Has debido de tener una vida larga... No como la mía. (*Pausa.*) ¿Cómo es eso de envejecer?

LEO   Es... (*Se toma tiempo para recordarlo, procesarlo, recrearlo, sentirlo. Y se da cuenta de que esas sensaciones y emociones le gustan.*) Algo plácido, sereno... Te haces más sabio... (*Va recordando la parte mala, la asume y afronta con ironía.*) y te conviertes en una pasa a la que le duelen hasta los huevos cada mañana.

JANIS   (*Con envidia.*) Pero tiene pinta de haber sido una buena vida.

LEO   Sí. Aunque... Me quedaba tanto por hacer... ¿Y mis planes? ¿Mis proyectos...?

JANIS   Los harás... Pero aquí.

LEO   ¿Donde estamos? ¿En... el cielo?

JANIS   A ver, después de este polvazo entiendo que te cree cierta confusión, pero... siento decirte que esto no es el cielo. Ni el infierno. ¡Ni un sueño! Es difícil de explicar... Supongo que es una especie de limbo que recuerda al lugar donde un día fuimos felices.

LEO   Pero tu... Tú tuviste tu accidente...

JANIS   Y dale, qué perra .. Sí, la palmé. Y sí, fue un puto accidente. Te aseguro que esto no estaba en mis planes.

LEO   ¿Y ahora estoy cuarenta años atrás atrapado contigo?

JANIS   ¿Cómo hemos pasado de un sueño del que no querías despertar a estar aquí atrapado?

LEO   Bueno, quería decir...

JANIS   ¡Espera! ¿Cuarenta? ¿Has dicho cuarenta años?

LEO   Más o menos.

JANIS   Joder... ¡Soy una muerta muy vieja! (*Se acerca al espejo y se mira.*) Pero... me mantengo bien, ¿eh?

LEO	Perdona, siento haber sido tan brusco, pensé que lo sabías… Pero es que… No entiendo por qué estoy aquí.
JANIS	Pues eso quería saber yo también. (*Pausa.*) ¿No decías que me estabas buscando?
LEO	Perdóname, estoy...
JANIS	¿Decepcionado?
LEO	No, no es eso. Supongo que estoy... asustado. (JANIS *lo abraza.*) Tengo miedo.
JANIS	Es normal. Es parte del proceso... Pero no lo tengas. No hay nada que temer... Créeme. (LEO *la mira escéptico.*) ¿Confías en mí? (LEO *no responde.*) ¿Confías?
LEO	Sí, pero es que me he pasado la vida temiendo que llegara este momento... Y ahora...
JANIS	Hazme caso, no te rayes. Yo me pasé la vida amargada planteándome preguntas que no podía responder. Y no te creas que lo hacía al estilo budista, meditando o haciendo alguna mierda de esas. No. Lo hacía literalmente llamando a las puertas del infierno. La vida, la muerte, el más allá, el juicio final... ¡Chorradas! Al final acabas pasando la eternidad en una mugrienta habitación de hotel.
LEO	¿Y Dios?

JANIS   Ya te he dicho que ese no aparece mucho por
           aquí. Más bien, nunca.

LEO   (*Decepcionado y asustado.*) ¿No existe?

JANIS   Puedes sacar tus propias conclusiones...

LEO   ¿No crees en dios?

JANIS   (*Se levanta y se pone delante de él.*) A ver, mí-
           rame. ¿Me ves? Me acabo de convertir en una
           folla muertos, que está aquí, con un porro en
           la mano, bebiéndose todo el mini bar de un
           sucio hotel de Nueva York ¿Tengo pinta de
           creer en dios? Creo en mí.

LEO   Bueno, eso ya es algo.

JANIS   Y eso que de pequeña cantaba en la iglesia de
           mi pueblo.

LEO   ¿Tú? ¿En serio?

JANIS   Ya ves... Soy una vieja cajita de sorpresas. (*Pau-
           sa.*) ¿Y tú, crees en dios?

LEO   Cuando era joven (*Pausa. Se mira a sí mismo
           con su aspecto actual.*) Bueno, como ahora...
           Me tomaba un ácido tras otro cada tarde, sen-
           tado en mi terraza, esperando ver a Dios.

JANIS   Vaya... ¿Y llegaste a verlo?

LEO   Por lo general, acababa con unas resacas horribles, pero ni rastro de él…

JANIS   ¿Ni de la virgen María?

LEO   No.

JANIS   ¿La prostituta aquella? ¿La gaviota mensajera? ¿Nadie?

LEO   Nadie. Y era una paloma.

JANIS   Vaya… A lo mejor te faltaban un par de ácidos más. O mezclarlos con un buen whisky…

LEO   Muy graciosa.

JANIS   Y si no lo viste entonces… ¿Por qué ibas a verlo ahora?

LEO   Supongo que al final llegué a la conclusión de que hay que creer en algo, que hay que tener fe. Mis padres me dieron una educación judía, pero mi niñera era cristiana… así que también aprendí mucho de su fe…

JANIS   ¿Niñera? Qué nivel…

(*Se parte de risa.*)

LEO   No le veo la gracia.

JANIS   ¿De verdad? Mira dónde estamos, fumados y medio pedos, discutiendo de teología después de echar un polvo ectoplásmico. Si nos viera tu niñera, sí que se pondría a cantar con su paraguas volador...

LEO   (*Súper serio, tratando de mantener cierta compostura.*) ¿Alguna vez has hecho un examen espiritual?

JANIS   Venga, no me jodas. Mira, los exámenes nunca fueron lo mío... y la espiritualidad tampoco.

LEO   Yo creo que alguien que no esté roto y verdaderamente jodido, física o psíquicamente, no va a poder enfrentarse a un examen espiritual.

JANIS   Pues yo estoy hecha añicos desde hace años. ¿Eso quiere decir que aprobaría el examen con matricula?

LEO   Eso quiere decir que, a lo mejor, te ayudaría a sentirte en paz.

JANIS   (*Furiosa.*) ¿Pero quien te dice a ti que yo no esté en paz? ¿Qué pasa? ¿Es que acaso no lo parece?

LEO   Sí, destilas paz con cada palabra. (*Irónico.*) ¿Sigues colocándote? ¿Aquí se puede hacer eso?

JANIS   ¿Por qué? ¿Quieres que te pase algo?

LEO   No. Lo dejé hace mucho.

JANIS   No me jodas. ¿Y como lo conseguiste? ¿Metadona? ¿Terapia? ¿Electroshock?

LEO   Un día estaba paseando frente al mar y dije «se acabó».

JANIS   ¿Dijiste se acabó?

LEO   Sí.

JANIS   Mientras mirabas el mar...

LEO   Sí

JANIS   ¿Y ya está?

LEO   Así es.

JANIS   ¿Me estás diciendo que yo necesité años de terapia, clínicas de desintoxicación y hasta psiquiátricos para acabar palmándola y tú solo tuviste que salir a pasear y mirar al mar para desengancharte? ¡Venga ya!

LEO   Fue después de enterarme de lo tuyo.

JANIS   ¿Fui tu terapia de choque?

LEO   Me afectó más de lo que imaginas... Aunque me he pasado la vida negándolo.

JANIS   (*Escéptica.*) ¿En serio?

LEO   A lo mejor por eso he vuelto precisamente aquí. Por ti. Por nosotros... Por lo que, en el fondo, podríamos...

JANIS   No le des más vueltas... Es solo sexo. ¿Recuerdas?

LEO   El sexo también es una manera de conocerse.

JANIS   Yo diría que una de las mejores.

LEO   Todos los seres humanos vamos por la vida con una coraza que nos ponemos, ya sea por nuestra educación, por lo que se espera de nosotros...

JANIS   Yo no uso de eso.

LEO   Todos la tenemos. Hasta tú. Pero en la cama no hay corazas, somos lo que realmente somos. Fíjate en nosotros En la cama tenemos una química brutal, pero fuera... N<<<<<<<<<o tenemos nada que ver.

JANIS   ¿A dónde quieres llegar?

LEO   Lo que te quiero decir es que, por nuestras experiencias personales, tenemos corazas distintas, pero sin ellas... La esencia es la misma. Y por eso tenemos tan buena química.

JANIS   ¿Y eso cómo lo sabes? ¿De verdad te crees que sabes algo de mí porque hemos echado tres polvos y cruzado dos palabras? Nunca nos hemos visto fuera de estas cuatro paredes. Ni siquiera hemos bajado a la cafetería del hotel a comer una hamburguesa.

LEO   Nosotros tenemos una conexión...

JANIS   ¿Conexión? Coincidimos en que nos gustan las mismas cosas en la cama, pero nada más. Lo que tú llamas conexión yo lo llamo prejuzgar. Has follado conmigo y has decidido que yo sería una buena «follamiga», pero... (*Pausa. Dolida.*) Nunca me has dado la oportunidad de ser nada más. Y todo ello porque ya me has prejuzgado y etiquetado en un tipo de tía sin haber hablado más de una sola noche.

LEO   Yo...

JANIS   ¿Tú? No, ahora yo te voy a decir como soy. Soy una tía a la que le gusta follar... Y sí, también puedo sentir ese tipo de conexión, pero cuando eso me ocurre... me lanzo. No salgo corriendo porque ya he decidido que esa persona y yo no vamos por el mismo camino. Y a veces sale bien y conoces a personas maravillosas y otras... te dicen que ya está casado con otra chica con la que tiene un hijo, con los que vive en una maravillosa casa con jardín y un perro. Pero hay que jugársela.

LEO   Si te hice daño…

JANIS   ¿Tú también vas a empezar como la idiota de mi colegio? (*Pausa.*) No lo hiciste. Me lo has hecho esta noche viniendo aquí. ¿Para qué? Ni tú mismo lo sabes. ¿Para que me haga ilusiones de lo que podría haber sido? Ya es tarde. (*Pausa.*) Desde el… accidente, como tú lo llamas, me he dado cuenta de que todo puede acabar en un instante. Por eso, hay que lanzarse a la piscina sin importarte si hay agua en ella. Yo siempre lo he hecho y nunca me he arrepentido, aunque luego acabara mucho más jodida.

LEO   Eres una salvaje.

JANIS   Si. Y lo que es peor… sin coraza. Siempre he tenido la necesidad de sentirme libre. Me he tirado a quien he querido, me lo he bebido todo, he cantado hasta quedarme sin voz…

LEO   Y cuando tienes esa libertad es fácil que todo se te vaya de las manos.

JANIS   O que te lo quiten de ellas… Y en ese momento te das cuenta de que solo eres una persona. Un puto ser humano… No eres nada especial. Al menos, no para quien te gustaría serlo.

LEO   Yo…

JANIS   Yo, yo, yo... Que esto no va contigo. A ver si te enteras de que solo tiene que ver única y exclusivamente conmigo. (*Pausa. Se produce un silencio.*) Hostia puta, yo lo único que quería era ser feliz. (*Pausa.*) Por eso estaba tan enganchada... Porque durante esas horas no vivía obsesionada por buscar respuestas, por el miedo a ser abandonada por otro tío o por otra tía... Por el miedo a querer vivir emociones y no poder saborearlas. (*Pausa.*) Vuelve a hacerme esa pregunta.

LEO   ¿Has sido feliz?

JANIS   Sí, creo que alguna vez lo he sido. Contigo... Entre esas sábanas, fui feliz. Cantar... Cuando cantas es como cuando te enamoras por primera vez.

LEO   Qué buena definición.

JANIS   Es ese tipo de felicidad. Encima del escenario fui muy feliz. Por eso amo la música, porque nace de sentimientos reales... Porque nunca te falla. Aunque hubo un tiempo en el que llegué a odiarla.

LEO   ¿En serio?

JANIS   Fue la primera vez que me desenganché, le había cogido mucho miedo a las drogas, y era imposible disociar este negocio de ellas. No quería ver a nadie metiéndose... pensaba que no podría soportarlo. Pensaba que si lo veía reviviría muchas cosas.

(*Él se saca dos mini botellas del mini bar y le ofrece una a ella.*)

LEO   ¿Y viste a alguien hacerlo?

JANIS   Lo evité con todas mis fuerzas. Estaba limpia de todo, yo pasaba de toda esa mierda y una noche fui a una fiesta con unos amigos. En un momento dado alguien pasó una botella de un vino espumoso y yo le di un buen lingotazo. El tipo que tenía al lado me miró y me dijo: Vaya, debes de tener muchas ganas de colocarte. Yo me quedé con cara de ¿cómo? ¿Qué dices? Alguien había puesto sesenta y ocho gotas de ácido en esa botella.

LEO   ¿Y qué hiciste?

JANIS   Fui corriendo al baño e intenté vomitar, pero no sirvió de nada. Me puse muy ciega de todos modos. Así que seguí con la fiesta.

LEO   Para mí, mi música, mis letras... siempre han sido la mejor manera de canalizar mis sentimientos.

JANIS   Sí, ya me lo has demostrado hace un rato...

LEO   Quiero decir...

JANIS   Te he entendido. Estar en el escenario es como hacer el amor… Pero es una ilusión, porque cuando acaba el concierto el público se va y te quedas sola contigo misma. Puede que por eso odie la soledad. No sé qué es peor… si estar sola y pensar que lo estás, o pensar que todos los demás se sienten así de solos.

LEO   No estás sola…

(*Pausa.*)

JANIS   Ah, ¿No?

LEO   No. (*Pausa.*) No pensaba decírtelo, pero… te escribí un poema.

JANIS   Ah, ¿si? ¿Seguro que no le has cambiado el nombre a una de tus viejas canciones?

LEO   Éste lo escribí solo para ti.

JANIS   ¿En serio? Joder. Pues sí que fue una buena mamada, sí…

LEO   Pero lo acabé convirtiendo en otra canción.

JANIS   ¿Hablas en ella de la mamada?

LEO   Estás obsesionada con eso.

JANIS   Tú también lo estarías si hubieses visto tu cara
           con los ojos en blanco... ¿Y cómo se titula?
           ¿La mamada de mi vida?

LEO   Buscaba algo más... personal.

JANIS   ¿Salvaje noche? ¿Mi noche loca con Janis? ¿La
           mujer más vibrante del mundo?

LEO   Chelsea Hotel.

JANIS   ¿Ya está?

LEO   Si.

JANIS   (*Irónica.*) Ah..., muy personal... (*Realmente
           emocionada, deseando escucharla.*) Cántamela.

LEO   Bueno, es que le estoy haciendo algunos arre-
           glos para una nueva versión y aún no la he aca-
           bado. Puede que, incluso, le cambie el título.

JANIS   ¿Y en cuál has pensado?

LEO   Chelsea Hotel N°2

JANIS   Vaya... Yo seguiría trabajando los títulos...

LEO   No quería que nadie supiera de quién habla
           la canción... Soy un caballero y nunca le ha-
           ría eso a una dama.

JANIS   Yo no soy una dama. Soy demasiado escandalosa para eso.

LEO   También existen las damas escandalosas. Una dama que habla con seguridad y arrojo... pero una dama al fin y al cabo.

JANIS   ¡Qué coño! ¡Di mi nombre! Que el resto de tías y tíos del mundo sepan quién soy yo.

LEO   Vale, mejor dejémoslo en una mujer... fuerte.

JANIS   Bueno... Tenía fuerza sobre el escenario, pero no soy tan fuerte. Puede que fuera todo fachada. La coraza, como tú dices. Cuando te hacen daño siendo muy joven te pones una coraza para parecer fuerte y hacer como que nada te afecta... Empiezas a proyectar esa imagen de tía dura, frívola... y supongo que al final acabas siendo una caricatura de lo que los demás esperan de ti. Pero... en algo sí que he conseguido ser dura... no lloro con facilidad.

LEO   ¿Y estás orgullosa de eso?

JANIS   No lo sé...

LEO   No es malo llorar.

JANIS   ¿Eres un llorón?

LEO   Solo lo justo.

JANIS   Hijo, además de viejo muerto, llorica… (*Realmente emocionada.*) Entonces… ¿Significqué algo para ti o solo fui una más de esas que ya ni recuerdas?

LEO   Pensar eso suele ser un mal común. Desgraciadamente la ficción siempre resulta más interesante que la realidad. (*Pausa.*) Me gusta entregarme a una relación, ya sea para toda una vida o para quince minutos. Cuando comparto algo con alguien, quiero que sea especial.

JANIS   Así que ese es tu rollo… Y yo pensando que estabas un poco enganchado de mí.

LEO   Tú me hiciste desear que esa noche no acabara nunca.

JANIS   Y salió el poeta.

LEO   ¿No me crees?

JANIS   Creo que has idealizado la nochecita de los cojones… (*Nerviosa. Esperanzada.*) Bueno, puede que haya algo de verdad en tus palabras… Pero es algo que he escuchado tantas veces a tantos tíos… y tías…

LEO   ¿Y no era verdad?

JANIS   No.

LEO   Lo dices con mucha seguridad.

JANIS   Porque lo estoy. Y si no, fíjate en quien me acompañaba... la última noche. La noche en que la palmé...

LEO   ¿Quién?

JANIS   ¡Nadie! Estaba sola. ¿Dónde estaban todos aquellos que tanto me querían?

LEO   ¿Por eso tú...?

JANIS   ¡Tú lo has dicho! ¡Fue un accidente, joder! (*Pausa.*) ¡Una puta sobredosis! Se me fue la mano, ¿vale? O a lo mejor... a lo mejor pensé, ¿De qué sirve estar tan limpia? Venga, date un último homenaje, nena… Nadie se va a enterar. Pero… ya ves… las noticias vuelan… Desde entonces, no he vuelto a meterme nada. No fuiste el único que lo dejó aquella noche.

LEO   ¿Me estás diciendo que crees que nadie te quiso?

JANIS   Y yo que sé. Por momentos pensé que sí… pero al final todos me acababan fallando… o yo les fallaba a ellos… Ya que más da.

LEO   Si te sirve de algo, yo creo que he fallado a todas las mujeres que han pasado por mi vida. (*Se anticipa a su pregunta.*) ¡Si, a ella también!

JANIS   ¿Como se llamaba? ¿Marina?

LEO   Lo sabes perfectamente.

JANIS   Ah, ¡sí! Marianne... (*Comienza a tararear.*) Tan
               lejos estás, Marianne... Y tanto. Como que es-
               tabas en esta habitación conmigo.

               (JANIS *suelta una carcajada.*)

LEO   No te rías, por favor. Ya te he dicho que a ella
               también le fallé... A ella a la que más.

JANIS   (*Sonríe, encantada con esa pequeña victoria.*)
               Pues sí, la verdad es que me ayuda.

LEO   Fallé a todas... incluso a ti.

JANIS   Tú no me fallaste, viejo. Fuiste justo lo que es-
               peraba de ti. Estuviste a la altura de las expec-
               tativas y, por momentos, hasta las superaste.

               (*Ve que* LEO *la mira de forma extraña.*)

LEO   (*Tras una larga pausa, como si se librara de algo
               que lleva demasiado tiempo atormentándolo.*)
               ¿Y por qué no te quedaste a desayunar?

JANIS   (*Alucinada, no esperaba esa pregunta.*) ¿Qué?
               ¿Me lo estás preguntando en serio? (*Ve que sí.
               Con evasivas, el tema la incomoda.*) El pobre
               tipo de la limusina llevaba no sé cuánto tiem-
               po ahí abajo, esperándome para llevarme al
               estudio... Y, para serte sincera, nunca he sido

de desayunos. A menos que con desayuno te refieras a…

LEO Café, bacon, huevos…

JANIS No, nunca me fueron esos desayunos.

LEO ¿Estas segura de que yo no fui uno de esos? De los que a las cuatro de la mañana te das cuenta que solo está ahí dormido, pero sin estar…

JANIS Sabes que no. (*Pausa. Sonríe.*) Contigo me quedé hasta las ocho.

LEO Gracias.

JANIS Quiero decir que si me quedé es porque estaba a gusto. Lo que pasa es que los desayunos… no son lo mío. No soporto que nadie me hable sin un café en el cuerpo.

LEO Podríamos haber tomado el café en silencio.

JANIS Después del café necesito un cigarro.

LEO Un café y un cigarro en silencio…

JANIS ¡Y luego me gusta ir tranquila a cagar en silencio! ¿También querías compartir eso?

LEO (*Incómodo.*) Eso creo que podía habérmelo ahorrado.

JANIS   La gente le da demasiadas vueltas a todo. ¿Se fue porque no quería ataduras? ¿Se fue porque no quería enamorarse? ¿Se fue porque quería hacerse la misteriosa? No. Se fue porque quería ir a cagar y punto.

LEO   Vale, me ha quedado claro.

JANIS   Creo que acabo de cagarte el poema.

LEO   Yo no lo habría definido mejor.

JANIS   Pero fue una buena noche. No me habría importado repetirla. Me hiciste sentir muy bien, como pocas veces en mi vida.

LEO   ¿Y por qué no me lo dijiste?

JANIS   ¿Para qué? ¿Tuvimos una buena conexión, no? ¿Tú también la sentiste?

LEO   Sí.

JANIS   Pues ya está. Hay cosas que no es necesario hablarlas. Es como lo de ir a cagar.

LEO   Pero podríamos…

JANIS   ¿Qué? ¿Haber tenido algo más?

LEO   Sí…

JANIS   No. Yo soy de blues y rock and roll y tú... tú eres tú. Tú eres la paz y yo era el caos. El orden y el desorden. Estábamos en la misma pista de baile, pero bailábamos a ritmos distintos. Y eso nunca sale bien.

LEO   Yo creo que podría haberme adaptado...

JANIS   Y yo no lo habría consentido.

LEO   Podría haberlo intentado.

JANIS   Si algo aprendí en esta vida es que hay que ser fiel a uno mismo. Yo siempre lo fui... Y tú, aunque no lo sepas, también lo eres.

LEO   Pero, tal vez, yo podría haber evitado...

JANIS   ¿Que la palmara? Créeme que no. Nadie podía haber evitado eso. (*Se hace un silencio.*) No pongas esa cara, viejo. Tú no podías haber hecho nada. Lo nuestro fue lo que fue. Y estuvo muy bien. ¿A qué has venido esta noche?

LEO   Ya te he dicho que no lo sé.

JANIS   Pues piensa con esa cabecita tuya. Está claro que no ha sido a por una mamada.

LEO   Solo recuerdo caer en un sueño placentero, y despertar aquí... Puede que haya venido a pedirte perdón...

JANIS   No, amigo. Tú y yo sabemos que eso no va conmigo. ¿A qué has venido de verdad? (JANIS *le señala el corazón*.) ¿Qué te dice este?

LEO   A volver a verte. A volver a sentir lo que sentí aquella noche, porque creo que en toda mi vida nunca volví a sentirme tan vivo como esa noche contigo. (*Pausa*.) ¿Qué te pasa?

JANIS   Nada. Es una tontería.

LEO   ¿Estás llorando?

JANIS   Ya te he dicho que yo no lloro.

LEO   Dímelo.

JANIS   Creo que hasta ahora no me había dado cuenta de todas las cosas que voy a echar de menos... No es nada importante. Solo son unas cuantas tonterías, pero... Escribir a mis padres contándoles cómo me va todo, sentir el frío de las olas golpeado mis tetas al entrar en el mar, el olor de un estudio de música, el calor del público... Gracias.

LEO   ¿Por qué?

JANIS   Por hacerme sentir importante. Por hacerme ver que hubo alguien que me quiso. Por dar un sentido a mi vida... Quién sabe, a lo mejor es un buen momento para retomar las cosas donde las dejamos aquella noche...

LEO   ¿Ahora?

JANIS   ¿Tienes algo mejor que hacer?

LEO   No.

JANIS   Me alegro, porque tenemos la eternidad por delante.

             (JANIS y LEO *se besan. Se van acercando a la cama y justo antes de caer en ella. La luz de la bombilla comienza a bajar hasta quedar la habitación en oscuro.*)

Fin.

Placa en las columnas izquierdas de la entrada
al Hotel Chelsea.

LEONARD COHEN

POETA, NOVELISTA, CANTAUTOR

"Te recuerdo bien en el Hotel Chelsea..."
De la canción "Chelsea Hotel #2," 1974

PRESENTADO PARA CONMEMORAR SU 75 CUMPLEAÑOS
POR MIEMBROS DEL FORO LEONARD COHEN

21 DE SEPTIEMBRE DE 2009

Anoche soñé que volvía al Chelsea Hotel...
(Palabras del autor)

¿Y si pudiéramos volver a aquél lugar o a ese momento de nuestra vida en que un día fuimos realmente felices? ¿Y si pudiéramos volver a ver, aunque fuera por un instante, a esa persona que se fue y que tanto significó para nosotros? ¿Y si la vida, o quizás la muerte, nos diera una segunda oportunidad?

En el verano de 2019, meses antes de que una pandemia pusiera patas arriba el mundo que conocíamos hasta entonces, estas preguntas rugían en mi cabeza como aullidos de lobos hambrientos mientras la voz y las letras de Leonard Cohen me acompañaban cada tarde en mis paseos con mi perro por las playas de Málaga, quizás, buscando inspiración para una obra de teatro. Aquellas caminatas eran también, en cierto modo, un reencuentro con aquel poeta y cantante que solía sonar en mi más tierna infancia por los pasillos de mi casa cada fin de semana mientras mi madre limpiaba.

Ahora, ya como adulto y con un mejor inglés, podía reparar en sus letras. Sus reflexiones, su manera de ver la vida y cómo esta se fue adaptando a los tiempos conforme fueron pasando los años. Cada tarde, los temas de su amplio repertorio —y tan alejados del *mainstream* actual— se iban sucediendo aleatoriamente, pero había algo en una de sus canciones que siempre me hacía volver a ella para escucharla una y otra vez.

Esa canción era Chelsea Hotel. En esta, Cohen hablaba de una mujer con la que había tenido un romance fugaz a finales de los 60. Una mujer libre, valiente... y fascinante que llamó poderosamente mi atención. Fue entonces cuando, de algún modo, Cohen me «presentó» a Janis Joplin, de la que me enamoré perdidamente cuando escuché las dos primeras notas de su «Cry Baby».

Cuando quise darme cuenta, llevaba semanas documentándome sobre Cohen, sobre Joplin y sobre aquella noche que compartieron en el mítico hotel de Nueva York. El viaje emocional de aquellos dos personajes, en apariencia diametralmente opuestos, me fascinaba. Me tenía completamente hipnotizado. Ahí había una buena historia que contar. Era un material muy interesante para plasmar en un libro, una película, una serie y... ¿Por qué no? Una obra de teatro. Me lancé como un águila a escribir. Al principio escuchaba a Leonard y a Janis susurrándome al oído cada palabra, cada pensamiento... Pero había una parte de mí que se negaba a que su viaje acabara ahí, en ese encuentro fugaz.

Cohen pasó décadas hablando de lo poco que significó aquella noche para él, pero... si aquella noche fue una más, si fue algo tan insustancial... ¿Por qué seguir aferrado a ese recuerdo, dándole vueltas una y otra vez hasta el final de sus días? ¿Y Janis? ¿Qué hubiera pasado si no hubiera muerto poco después? ¿Qué tendría que decir ella de aquella madrugada en la que dos «desconocidos» se hablaron como viejos amigos? ¿Y si ambos pudieran verse ahora? ¿Y si tuvieran una nueva oportunidad de volver al Chelsea Hotel? A esa habitación en la que el tiempo —su tiempo— se congeló. ¿Y si, como en un una novela de Proust, pudieran ir en busca de ese tiempo perdido para reflexionar sobre la vida, la muerte y todo el glorioso vértigo, el tormento y el éxtasis del fugaz viaje entre ambos? ¿Cómo acabaría su historia?

Ahí estaba mi obra.

Con la llegada del otoño, di por finalizada la primera versión de Chelsea Hotel, —cuyo primer título iba a ser «No solo una noche»— y, como suele ser habitual en este autor, la guardé en un cajón y la dejé reposar. Hice bien, porque, al seguir trabajando en ella a lo largo de los años siguientes, llegué a la conclusión de que aquella obra no estaba completa. Faltaba algo más. ¿Pero qué podía ser? Perfilé diálogos, añadí algunas partes, suprimí otras... Y fue entonces cuando me di cuenta de que lo que faltaba era un tercer personaje. Uno esencial en este relato efímero con ínfulas, o anhelos, de ser eterno...

Pero ese papel no lo encarnaría ningún actor, porque ese personaje era el propio Chelsea Hotel. Un lugar tan lleno de magia e historia como los propios cantantes. No podía conocer a Janis y a Leonard, pero aún estaba a tiempo de ir al Chelsea Hotel. A sentir su energía de primera mano. A, con suerte, escuchar sus susurros… Porque algo me decía que no bastaba con los vídeos o las fotos. Aquello no podía transmitir el sentimiento que irradiaba. Estaba claro que esta historia no estaría acabada hasta que pudiera estar delante de esa fachada de ladrillo de la que tanto hablo en la obra y saber qué provocaba en mí.

Preparé varios viajes a Nueva York que se vieron truncados —pandemia incluida— hasta en cuatro ocasiones. Así que, mientras llegaba el momento de viajar hasta la ciudad que nunca duerme, me centré en otros proyectos. No fue hasta el verano de 2023 —cuatro años después de empezar a escribir esta obra— que recibí un email en el que se me proponía estrenar mi nueva pieza teatral en el marco del 41 Festival de Teatro de Málaga, que se celebraría en enero de 2024. Aquella era la oportunidad que sin yo saberlo llevaba tanto tiempo esperando. Era el momento de cerrar el círculo, de estrenar esta obra en el lugar donde nació. Pero aún faltaba algo. ¿Y el viaje a Nueva York para conocer el Chelsea Hotel? No tenía tiempo material. Estaba inmerso en otra gira de teatro, grabando una serie de televisión y tenía que encargarme de toda la producción de este nuevo espectáculo —además de los ensayos—. El Teatro Lara, fiel aliado en mi faceta como autor y director, nos había programado para hacer temporada en Madrid, lo cual limitaba aún más mi disponibilidad para viajar. Pero…

Yo no quería, no podía estrenar esta función sin haber «conocido» el Chelsea Hotel. Así que ajusté al máximo el calendario, forzando todos los límites…

Pero el destino juega con cartas marcadas y tuvo a bien regalarme una gastritis aguda que dio con mis huesos en el hospital y a punto estuvo de truncar el sueño —Y el estreno. Aunque, a toro pasado, puede que el estrés tuviera algo que ver. Pero yo prefiero achacárselo al sadismo de ese dramaturgo cabrón que, a nivel cósmico, rige estas cosas…— de visitar el Chelsea Hotel…

Todos tenemos un límite y el mío —con dolor agudo incluido— parecía haber llegado. Así que, entre lágrimas de cansancio y desgarrador sufrimiento, supliqué que me dieran el alta voluntaria y horas después estaba en un avión —eso sí, dopadísimo de noloitil— con destino al aeropuerto JFK.

Convencí a mi madre para que me acompañara en esta aventura. Al fin y al cabo, fueron ella y sus cd´s de Cohen los que, a lo largo de los años, sembraron en mí el amor por su música. Nunca olvidaré como zarándeaba mi brazo cuando caminábamos hacía nuestro destino entre la nieve y me gritaba «¡Mira, el Chelsea... el Chelsea!», con la fachada de ladrillo rojo a pocos metros, mientras yo permanecía en un extraño estado de shock.

Meses antes me había estado comunicando con el departamento de prensa y marketing del hotel con la intención de informarles sobre esta obra. Ellos me pidieron el texto, documentación y se mostraron encantadores en todo momento. Me recibieron con cariño y me presentaron al músico y compositor William Benton, quien fue mi maestro de ceremonias en el Chelsea Hotel y compartió conmigo miles de anécdotas mientras recorríamos el edificio —que en su día fue el más alto de Nueva York, y que, aunque no conserva su distribución original, bien es cierto que mantiene su esencia—, sobre Bob Dylan, Patti Smith, Madonna, Mark Twain, Thomas Wolfe, Jackson Pollock o Dylan Thomas, quien pasó allí sus últimos días.

Al entrar por la puerta del hall, rodeado de todos aquellos cuadros, hice como tantas veces en aquel verano del 19 y me puse los cascos para pasear entre las entrañas del Chelsea en compañía de mis ya conocidos Cohen y Joplin. Subí en aquel ascensor donde ellos se encontraron cuando él buscaba a Brigitte Bardot y ella a Kris Kristofferson, y que pronto decidieron que eran mejor compañía el uno para el otro. Llegué a la cuarta planta, donde ambos se alojaban —él en el pasillo derecho, ella en el izquierdo—, y contemplé con mis propios ojos aquellos cuadros con los que los artistas del momento pagaban su estancia en el hotel.

Cuando quise darme cuenta, noté el cosquilleo de una lágrima recorriendo mi rostro. Ahí estaba la emoción que tanto buscaba. Al entrar en el Chelsea, me di cuenta de que estaba caminando por gran parte de la historia de la cultura americana.

Allí, donde se alojaban pintores, escritores, cantantes y demás artistas buscando su lugar en el mundo, estaba lo que le faltaba a mi obra...

Ángel Caballero

P.D.: A la vuelta, me esperaba el mundo real. El estreno en Málaga, con un Teatro Echegaray lleno hasta la bandera que nos regaló un aplauso ensordecedor al acabar. Pero esa es otra historia. Y un recuerdo que atesoraré mientras viva.

O puede que más allá. Nunca se sabe...

Chelsea Hotel No. 2
(Leonard Cohen)

I remember you well in the Chelsea Hotel
You were talkin' so brave and so sweet
Givin' me head on the unmade bed
While the limousines wait in the street

Those were the reasons an' that was New York
We were runnin' for the money and the flesh
And that was called love for the workers in song
Probably still is for those of them left

Ah, but you got away, didn't you, baby?
You just turned your back on the crowd
You got away, I never once heard you say
I need you, I don't need you
I need you, I don't need you
And all of that jiving around

And I remember you well in Chelsea Hotel
You were famous, your heart was a legend
You told me again you preferred handsome men
But for me, you would make an exception

And clenching your fist for the ones like us
Who are oppressed by the figures of beauty
You fixed yourself, you said, "Well, never mind
We are ugly but we have the music"

And you got away, didn't you, baby?
You just turned your back on the crowd
You got away, I never once heard you say
I need you, I don't need you
I need you, I don't need you
And all of that jiving around

I don't mean to suggest that I loved you the best
I can't keep track of each fallen robin
I remember you well in Chelsea Hotel
That's all, I don't even think of you that often

Chelsea Hotel No. 2
(Leonard Cohen)

Te recuerdo claramente en el Chelsea Hotel,
hablabas tan segura y tan dulcemente,
mamándomela sobre una cama deshecha
mientras en la calle te esperaba la limusina.

Ésas eran las razones y ésa fue Nueva York,
nos movíamos por el dinero y la carne
y a eso lo llamaban amor, los del oficio,
probablemente, aún lo es para los que quedan.

Pero te fuiste, ¿verdad, nena?
Sólo le diste la espalda a la gente
y te alejaste, ya nunca volví a oírte decir:
«Te necesito, no te necesito,
te necesito, no te necesito»,
mientras todos te bailaban alrededor.

Te recuerdo claramente en el Hotel Chelsea.
Ya eras famosa, tu corazón era una leyenda.
Volviste a decirme que preferías hombres bien parecidos
pero que por mí harías una excepción.

Y cerrando el puño por los que como nosotros
están oprimidos por los cánones de belleza,
te arreglaste un poco y dijiste: «No importa,
somos feos, pero tenemos la música».

Y entonces te fuiste, ¿no es así, tía?
Simplemente, diste la espalda a la gente
y te alejaste, ya nunca volví a oírte decir:
«Te necesito, no te necesito,
te necesito, no te necesito»,
coreándote todos alrededor.

Y no pretendo sugerir que yo te amara mejor
No puedo llevar la cuenta de cada pájaro que cazaste.
Te recuerdo claramente en el Hotel Chelsea.
Eso es todo, no pienso en ti muy a menudo.

Esta primera edición de *Chelsea Hotel*,
de Ángel Caballero, terminó de imprimirse
en mayo de dos mil veinticuatro,
en Madrid.

¡Ssssssshhhhhhhhhhh!

Haz del teatro algo íntimo
Llévalo siempre en el bolsillo

Cubierta y diseño editorial: Éride, Diseño Gráfico
Dirección editorial: ángel jiménez
Dirección de la colección: Ramón Paso
Maquetación: Ana Azorín

Primera edición: octubre, 2025

ISBN: 979-13-87644-43-7
Depósito Legal: M-22492-2025
Diseño y preimpresión: Éride, Diseño Gráfico

Este libro protege el entorno

De Francisco J. de los Ríos

Francisco J. de los Ríos
(Madrid, 1966)

Director, dramaturgo, guionista, actor y pedagogo... Francisco de los Ríos es autor de teatro en todas sus formas; pero sobre todo de un teatro oscuro, incómodo, que se nutre directamente de lo que los demás tratan de ocultar. Desde sus primeros trabajos hasta ahora, salvo geniales excepciones dentro del género de la comedia (*Milagros*) o la tragedia clásica (*Nadie llora sobre la rumba de Electra*) el grueso de su obra se centra en el trhiller y el terror más vísceral.

Víctimas, No hables con los muertos, La Habitación (que estuvo cinco temporadas en cartel) o *El Ataúd* son algunos ejemplos que sirven para ilustrar el mundo sombrío y violento en el que se mueven los personajes de este autor, peculiar cuando menos, que se ha convertido en un referente a nivel internacional a la hora de hablar de "teatro de terror".

Con su compañía, Teatro del Sótano, creada junto a la actriz Jennifer Baldoria, lleva más de 25 años recorriendo salas de toda España, muy especialmente en el ciruito off.

Autor de una treintena larga de obras, Francisco J. de los Ríos defiende el terror como una apuesta por la libertad escénica.

Francisco J. de los Ríos

ESTÁN TODOS AQUÍ

Esta función se estrenó
en la sala Sojo Laboratorio Teatral. de Madrid,
en octubre de 2025
con el siguiente reparto, por orden de intervención,
Rose Sullivan (Miriam Iglesia / María José M. Arjona),
Candance Sullivan (Jennifer Baldoria),
Inspector Connor Spencer (Alberto Hernández),
Inspector Jefe Chips (Arturo Ruiz de León / Sergio Monforte).

Dirección: Francisco J. de los Ríos.

EL PLACER DEL ESCALOFRÍO

Aunque hace siglos que el terror se pasea por los escenarios —estaba presente en el teatro griego y latino—, en las representaciones medievales como elemento de disuasión para pecadores, así como en algunas obras de Shakespeare —«Macbeth», o el comienzo de «Hamlet»— y otros autores isabelinos, es en el siglo XIX cuando se erige como un género más, junto al drama o la comedia, alcanzando cimas como las representaciones del Grand Guignol de París o éxitos como, en nuestro país, «Don Juan Tenorio», de Zorrilla, tan ligado por sus últimos tres actos a las celebraciones de Todos los Santos, la versión teatral de «Drácula» estrenada en 1924 o «La Soga» en 1929.

La llegada del cine, que desde el principio encontró en la fantasía y el terror una fuente inagotable de inspiración, y que con sus posibilidades técnicas, en continua y rapidísima evolución, supo proporcionar al público sentado en sus salas oscuras las dosis de miedo, angustia y horror y ocasionarle los oportunos sustos, fue un duro golpe para el terror escénico. Por su propia naturaleza convencional, el teatro requiere del espectador una cierta suspensión de la incredulidad para disfrutar de lo que sucede en escena; el cine, en cambio, toma por asalto los sentidos y proporciona una sensación de realidad —en la actualidad, produce sensaciones a menudo difíciles de soportar— que hace que el miedo escénico se convierta en algo más parecido a un juego en el que todos, también el público, deben colaborar.

Esa necesaria indulgencia con la que siempre hay que relacionarse con la representación teatral hace más difícil que el miedo genuino se produzca: el fenómeno de la emoción teatral, ese tejido que se tiende entre el escenario y el patio de butacas, es tan frágil, tan fácil de rasgar que, por intención o accidente, la magia se rompe a menudo. Esto hace que sean frecuentes las utilizaciones paródicas de los códigos propios del terror que tan sabiamente explotaron autores como Jardiel o Mihura, entre otros muchos.

Sin embargo, aún en el último cuarto del siglo XX y en el XXI, se producen éxitos sonoros en el género: «La Dama de Negro», estrenada en 1987 y que, a la hora de escribir estas líneas, se está representando en Madrid, «Sweeney Todd», la versión teatral de «El Exorcista», —¡y en un teatro público!— y la de «Otra vuelta de tuerca» —qué título tan desabrido para una historia tan terroríficamente bella— que protagonizó en Londres Colin Firth, entre otros. Podríamos aludir también a los primeros montajes de La Fura dels Baus, que jugaban a provocar el terror en escenarios no convencionales. Y también cabe hablar de diversos festivales que se centran en el género, como el que se celebra en Terrassa y en otras ciudades europeas.

Son muchos los subgéneros que confluyen bajo el paraguas del terror: desde ese terror sutil de escalofrío, propio, por ejemplo, de las historias de fantasmas, hasta los explícitos espectáculos de sangre y muerte propios del gore, que producen más horror que miedo.

Me apresuro a decir que mis aficiones van por ese primer género, el de historias de miedo, en la que es la sugerencia la que pone en marcha la imaginación del espectador. Los que desde niños amamos esa sensación disfrutábamos mucho del terror radiofónico, especialmente en las escuchas clandestinas y nocturnas, con el transistor —qué breve vida tuvo esa palabra— metido bajo la almohada. Aquellas historias en las que el ámbito de representación se armaba con la voz del narrador, las de los intérpretes, la música... y crujidos —muchos crujidos—, aullidos, pasos, respiraciones...

Y creo que todos, o casi —al menos los que tenemos cierta edad—, estaremos de acuerdo en que el mundo del miedo por antonomasia, el país y la época donde las historias de terror tenían su desarrollo más natural, era la Inglaterra del siglo XIX. La estética victoriana —las mansiones con escaleras y sótanos, la iluminación con velas, los criados silenciosos, las damas siempre al borde del desmayo...— es lo primero que se nos viene a muchos a la cabeza cuando pensamos en las historias de miedo. Y, en sentido contrario, cuando viajamos a aquel país, es fácil sentirse como un personaje de una de esas historias. Una del todo agradecible colonización de nuestro imaginario que, aún hoy, me hace disfrutar a priori mucho más de las historias británicas que de las procedentes de otras latitudes. Y si Henry James ocupa una lugar preeminente en el género es porque siempre quiso ser inglés. Oportunísimo es también recordar las «Historias para no dormir» de Ibáñez Serrador, que, con frecuencia, bebían de fuentes anglosajonas y que, por sus limitaciones presupuestarias, tenían unas hechuras más teatrales que cinematográficas.

Sea como fuere, el teatro de terror —o de miedo o de horror— como tal ha estado bastante ausente de los escenarios españoles en las últimas décadas, con excepciones como la mencionada «La Dama de Negro» o la interesante versión de «Drácula» de Ignacio García May, otro «Drácula» de Ramón Paso —ambos en teatros públicos— y la personal lectura de «Otra vuelta de tuerca», de nuevo de Ramón Paso. Por eso, para mí, fue una grata sorpresa conocer la obra de Francisco de los Ríos, un autor único que ha vuelto repetidas veces sobre este género, desarrollando esta tarea en salas como la preciosa Casa de Rovodorovsky y otras como Sojo Teatro, Off La Latina, Las Aguas, La Usina, Bululú, La Encina... así como en festivales de ámbito nacional.

Doble alegría fue la que sentí, por tanto, cuando encontré en sus espectáculos ese sabor anglosajón que me hacía añorar al niño inglés que no fui y siempre quise ser —aunque ahora me alegra no haber sido—, y que sus recursos para la consecución del escalofrío se basaban en las viejas convenciones del terror fantasmal, y más o menos gótico.

La obra que aquí te presento, querida, querido lector, se inscribe plenamente en esos parámetros más o menos victorianos. La acción se desarrolla en el Londres de la miseria y la codicia como sustrato fértil sobre el que crece la pura maldad, sin que la mano compasiva de un Dickens venga a arrojar un rayo de piedad y esperanza.

Dos personajes centrales, las terroríficas hermanas Sullivan, protagonizan una historia cruel en la que, sin embargo, pueden encontrarse trazas de sutil humor —¿o es que me dio la risa histérica?— junto a algún gag que introduce una sensación inesperadamente grotesca. La obra va pasando de un registro vecino al thriller a otro más puramente terrorífico, según lo sobrenatural se abre paso. No hay estridencias, sin los excesos expresivos que pediría una ambientación más mediterránea.

Es interesante recalcar que, aunque alguna acotación escénica sugiere la utilización esporádica de algún efecto especial mecánico, las mejores sensaciones de la obra están traídas por la palabra y el ritmo, que ponen la responsabilidad máxima en manos de los intérpretes. Ellos son los encargados de crear esa sinfonía de tensión, horror y desasosiego que la obra propone.

Y no, no hay compasión ni paz para los malvados, aunque sí castigo. Y justicia: la justicia que se toman los más débiles, las víctimas. El suspense está presente en todo momento, la tensión se hace palpable y la resolución proporciona el debido alivio.

No puedo contarte mucho si no quiero correr el riesgo de revelarte demasiado. Así que solo puedo recomendarte su lectura —y, si puedes, a reunir un grupo de amistades para leerla entre todos—, y esperar una puesta en escena que le haga justicia.

¡Disfruta de tu miedo!

Ignacio del Moral
Julio de 2025

Personajes

Por orden de intervención

Rose Sullivan
Candance Sullivan
Inspector Connor Spencer
Inspector Jefe Chips

ACTO ÚNICO

Candance, *está sentada en el salón de la granja. Está atemorizada. De vez en cuando gira la cabeza, alertada por haber creído escuchar un ruido. Las risas de unos niños, corriendo por algún lugar de la casa, hacen que se levante, asustada, tratando de averiguar de dónde proceden. Vuelve a sentarse y agarra un palo grueso que tenía cerca del asiento.*

El sonido de una fuerte tormenta lo invade todo. Unos golpes en la puerta se confunden con los truenos. **Candance** *no se mueve de la silla, aferrada al garrote.*

De repente, **Rose**, *abre la puerta de la casa.*

Rose   ¿No me has oído llamar? No encontraba la maldita llave. (**Rose** *se quita la capa antes de entrar en el salón, la sacude y la cuelga fuera.*) Estoy empapada, joder. ¿Hay té caliente? (*Silencio.*) ¿No has hecho té? (*Silencio.*) Para una maldita cosa que tienes que hacer y no la haces. ¿Qué narices te pasa? (**Candance** *no responde. Continúa como la hemos visto antes, mirando a un lado y a otro, bruscamente, como si la llamaran.* **Rose** *entra y sale de la cocina. La oímos desde allí.*) A Margaret Waters la han ahorcado. Esta mañana. Me lo ha dicho una que limpia en el manicomio de Colney Hatch. Y a su hermana la han metido en prisión, por cómplice. A saber si sale de allí. De esos lugares sabes cuándo entras pero no cuándo sales. Y, si sales, a saber cómo sales. ¿Te acuerdas que te lo dije? «A esta la ahorcan». Por idiota. Por no tener cuidado. Tienes que saber bien lo que haces para dedicarte a esto. (*De vez en cuando la vemos acercarse a la puerta mientras habla, y vemos que se está quitando las medias mojadas y colgándolas para que se sequen.*) El caso es que ha saltado la liebre por su culpa. Y la policía va a investigar todas las granjas que acogen niños. No tardarán en aparecer por aquí, ya lo verás. Por eso tenemos que limpiar bien la casa y asegurarnos de que no encontrarán nada. (*Cuelga las medias y luego entra con dos tazas de té y las deja en la mesa. Se coloca una manta por encima y se sienta.*) ¡Joder, maldito frío! Estoy congelada. Tengo la falda empapada. ¿Te has encargado del bebé, como te dije? ¿Candance? ¡Candance! (**Candance** *la mira.*) Que si te has ocupado del bebé, como te dije. (**Candance** *asiente.*) ¿Y dónde está? (**Candance** *señala con la mirada un pequeño bulto envuelto en una tela, en una esquina.*) ¿En serio lo has dejado en el salón? ¿Y si hubiera entrado alguien conmigo? ¿Qué narices te pasa? ¿Por qué no hablas? ¡¡Candance!!

Candance Están todos aquí.

Rose ¿Quiénes?

Candance Los niños. Están todos aquí.

Rose ¿Y dónde quieres que estén? Que yo sepa los muertos no se mueven. (**Candance** *mira el techo.* **Rose** *también, sin entender nada.*) ¿Qué miras? ¿Hay goteras? No me extrañaría, la verdad. Esta maldita casa se cae a pedazos. Por eso tenemos que irnos, Candance. Coger la caja con el dinero que hemos ahorrado y largarnos de aquí. A cualquier lugar donde nadie nos conozca. O mejor aún: volver a Irlanda, como señoras. ¿Eh? Bajaríamos del barco con nuestro mejor vestido y todos nos mirarían. «Ahí están las hermanas Sullivan. Se nota que han triunfado en la vida». Y podríamos volver a comprar nuestra antigua casa. Iríamos a ver al viejo Chapman, si es que todavía vive, y le arrojaríamos el dinero a la cara. «Ahí tiene usted el dinero que le debíamos. ¡Así se lo gaste en el infierno!».

Candance No podemos irnos de aquí. Me lo han dicho.

Rose ¿Ha venido alguien? ¿Quién ha hablado contigo?

Candance Ellos. Los niños. Están todos aquí. Y no van a dejar que nos marchemos. Dicen que prometimos cuidarlos. Y que debemos cumplir nuestra promesa.

(**Rose**, *al principio, guarda silencio. Luego se le escapa la risa.*)

Rose   ¡Joder, Candance! ¿Cuánto has bebido? ¿Dónde tienes la botella? ¿Eh?

Candance   No he... no he bebido nada. Lo que te digo es verdad. Están aquí. Y están enfadados con nosotras por haberlos matado.

Rose   ¡Eh! ¡Nosotras no hemos matado a nadie! No vuelvas a decir algo así. ¡Nunca!

Candance   ¿No? ¿Cómo que no?

Rose   Nos comprometimos a darles un techo. Y eso hicimos. En la calle hubieran muerto también. Seguramente antes. Aquí, al menos, tenían a alguien que les sujetaba su mano mientras morían.

Candance   ¡Les sujetabas la mano para que no escaparan!

Rose   ¡Pero se la sujetaba! ¿O no? Y les dimos un entierro digno.

Candance   ¿Digno?

Rose   No los devoraron las ratas como a los niños que mueren en las calles de Londres. Ellos están bajo tierra. (*Se santigua.*) En nuestro sótano, pero bajo tierra.

Candance   Ya no están ahí.

Rose   ¿Cómo que ya no están ahí?

Candance Están corriendo por la granja, jugando a juegos de niños. Dicen que tienen hambre.

Rose Estás muy rara, Candance. En serio. Lo de Margaret Waters te ha trastornado. Pero tú no te preocupes. A nosotras no nos va a pasar lo mismo porque nosotras somos más listas. Vamos a desenterrar los cuerpos y a arrojarlos al río. Aunque los encuentren no podrán saber quiénes son ni dónde han muerto. En cuanto deje de llover, cogemos unas palas y los sacamos a todos.

Candance Te repito que ellos ya no están allí. Ni los bebés, ni las gemelas Watson ni Thomas ni...

Rose Siempre me ha soprendido que te aprendieras sus nombres. El chico ese fue el primero, de eso sí me acuerdo.

Candance Thomas. Se llamaba Thomas.

Rose Thomas, sí. Por eso decidimos no volver a aceptar niños tan mayores. Tardan mucho en morir.

Candance Tenía seis años cuando su madre lo dejó con nosotras. ¿Recuerdas como lloraban ambos?

Rose No, la verdad es que no. Pero te digo una cosa: si de verdad lo hubiera querido se habría quedado con él.

Candance ¿No te acuerdas de que la iban a meter en prisión cinco años?

Rose   ¡Por algo sería!

Candance ¡Por robar comida!

Rose   Por ladrona, ¿lo ves?

Candance Saldrá el próximo otoño. ¿Qué le diremos cuando vuelva?

Rose   Lo mismo que les decimos a las otras, que pareces tonta. Que su hijo contrajo una enfermedad y se murió. Cada día docenas de niños contraen enfermedades. Son débiles. Es normal que se mueran. Además, no nos va a encontrar porque mañana estaremos subiendo a un barco para largarnos de este maldito lugar.

Candance Thomas no nos dejará salir.

Rose   ¡Ese maldito niño está muerto! (*De repente, la manta que cubre a* **Rose**, *sale despedida por el aire.*) ¿Qué ha sido eso?

Candance Son ellos.

              (*Oímos la risa de los niños y las pisadas corriendo hacia el ático.*)

Rose   ¿Lo has oído?

Candance Los llevo oyendo toda la mañana. En cuanto te fuiste empecé a oírlos. Iba a enterrar el cuerpo del bebé, como me habías dicho, y en ese momento sentí la respiración de Thomas detrás de mi nuca. Oí cómo me susurraba «os quedaréis con nosotros para siempre».

Rose   Sería el viento.

Candance   El viento no habla.

Rose   Si estás borracha, sí.

Candance   Te repito que no he bebido.

Rose   Te quedarías dormida y alguien se coló en la casa. (*Ruido de pisadas que bajan.*) Lo he oído bajar al sótano.

Candance   ¡Son ellos! ¡Son los niños!

Rose   ¡Trae aquí ese palo! Quien se haya colado en la casa te aseguro que se va a arrepentir.

(*Forcejean por el palo.*)

Candance   ¡No bajes!

Rose   ¿Has olvidado que abajo tenemos guardado el dinero? ¿Para qué crees que hemos hecho esto? ¡Llevamos cuatro años acumulando cuerpos en el sótano para qué? ¿Eh? ¿Para permitir que nos robe el primer maldito ladrón que se cuele en nuestra casa? ¡No! ¡Ese dinero es nuestro!

Candance   Está manchado de sangre.

Rose   ¡No te pongas melodramática! Jamás hicimos sangrar a los niños.

Candance   Les poníamos veneno en la leche.

(*Dejan de forcejear.*)

Rose   Por compasión. Para que murieran antes y sufrieran menos. ¿Qué vida crees que iban a tener? ¿Eh? Abandonados por sus madres. Son los hijos de las putas y las criadas violadas por sus señores. Son errores de la naturaleza. Son...

Candance   ¡Niños!

Rose   Un medio para llegar a un fin. No te pongas trágica ahora. No recuerdo que hicieras nada para detenerme. Y bien contenta que te ponías cuando nos daban el dinero. Ibas corriendo a comprarte una botella de ginebra y te sentabas en la ventana, tan feliz, a ver el paisaje.

Candance   Bebía para no oír el llanto de los niños cuando el veneno les corroía las tripas. Y no estaba feliz. Trataba de huir de aquí con el pensamiento.

Rose   Ya, tú siempre has sido más de pensamientos que de acciones. Menos mal que estoy yo aquí. Dame el palo.

Candance   No.

Rose   Dame el palo.

Candance ¡No!

Varios niños   *(Voz en off espectral.)* ¡Dale el palo!

(Ambas se quedan paralizadas al oír «la voz». **Candance** *le entrega el palo a* **Rose***, que se aferra a él.)*

Rose   ¿Qué ha sido eso?

Candance Son ellos.

Rose   Ellos están muertos. Habrá sido el viento.

Candance Te repito que el viento no habla.

Rose   Cuando estás nerviosa, sí. Te imaginas cosas, ¿sabes? Y la noticia de la ejecución nos ha puesto muy nerviosas.

Candance Lo has oído tan bien como yo. Han dicho «dale el palo».

Rose   Puede haber dicho eso o haber dicho mil cosas. Yo creo que ha dicho «hace malo», por la tormenta. Es más lógico.

Candance Quieren que bajes.

Rose   ¿Te crees que me da miedo bajar? Después de todo lo que hemos pasado desde que llegamos a esta mierda de ciudad, ¿crees que tengo miedo de lo que sea que me encuentre abajo? Ya deberías saber que yo no me asusto fácilmente. (*Llaman a la puerta.* **Rose** *se asusta y amenaza a la puerta con el palo.*) ¿Son ellos?

Candance Han llamado a la puerta.

Rose Habrá sido el viento.

(*Vuelve a sonar la puerta.*)

Connor (*Voz en off.*) ¡Abran la puerta en nombre de la ley!

Rose (*Alzando la voz.*) ¿Quién es?

Connor (*Voz en off.*) ¡Inspectores Chips y Spencer! De Scotland Yard.

Chips (*Voz en off.*) Inspector Jefe Chips, si no le importa.

Rose (*Hablando bajo.*) Son de Scotland Yard.

Candance (*Hablando bajo.*) Lo he oído.

Rose (*Hablando bajo.*) Tienes que enterrar al bebé. Si lo encuentran nos ahorcan. Llévalo abajo.

Candance (*Hablando bajo.*) No. Tengo miedo.

Connor (*Voz en off.*) Estamos oyendo cómo susurran, señoras. Abran la puerta.

Rose	¡Nos estamos vistiendo! (*A **Candance**, hablando bajo.*) Está bien, yo enterraré al bebé. Tú abre la puerta y no les digas nada hasta que yo suba. Si te preguntan, diles que me estoy vistiendo.

(**Rose** *le entrega el palo a **Candance**, coge al bebé muerto y baja al sótano. **Candance** se acerca lentamente a la puerta y abre. Al poco entran los inspectores. Ella cuelga sus capas mojadas.*) |

Connor	Ya era hora, señora. No sé si se ha dado cuenta de que está diluviando.

(**Candance** *no dice nada. Solo asiente con la cabeza.*) |
| **Chips** | Soy el inspector jefe Chips y él es el inspector Spencer ¿Podemos pasar?

(**Candance** *asiente y con el gesto de la mano les indica que pueden pasar al interior de la casa. Ellos pasan.*) |
| **Connor** | Antes hemos oído la voz de dos mujeres. (**Candance** *asiente.*) ¿Y bien? ¿Podría decirnos quién es la otra mujer y dónde está?

(**Candance** *asiente.*) |
| **Chips** | ¿Habla usted nuestro idioma? (**Candance** *asiente.*) ¿Se encuentra usted bien? Parece asustada. |

(**Candance** *se encoge de hombros y niega con la cabeza.*)

Connor   ¿La otra mujer está en el sótano?

(**Candance** *asiente.*)

Chips   ¿Sería tan amable, señor Spencer, de bajar para comprobarlo?

(**Connor** *da un paso y* **Candance** *habla rápidamente.*)

Candance   Es mi hermana. Se... se está vistiendo. Al oírles ella corrió abajo para vestirse porque... mi hermana es muy coqueta, ¿saben? No es como yo. A mí me da igual, ya ven...

Chips   Misterio resuelto, señor Spencer. ¿Le importa si me siento, señora...?

Candance   Sullivan. Adelante, siéntese.

Chips   Gracias.

(**Chips** *va a sentarse cuando la silla sale despedida hacia la pared y él cae al suelo.*)

Connor   ¿Está bien, señor?

(*Se oyen unas risas de niños que corren por el tejado.* **Candance** *sigue las pisadas con las miradas.* **Connor** *se fija en ella.*)

Chips	¿Le importaría ayudarme, señor Spencer? Esta situación es ridícula. (**Connor** *le ayuda a levantarse.* **Chips** *mira la silla, la coge y la acerca de nuevo a la mesa.*) No comprendo cómo he podido calcular tan mal la distancia. Si no fuera porque es completamente imposible diría que la silla no quería que yo me sentara pero, como digo, es completamente imposible. ¿No está de acuerdo, señor Spencer?
Connor	¿En qué, señor?
Chips	En que una silla no puede decidir quién se sienta y quién no. ¿No les parece? Sería completamente imposible y... absurdo, por otro lado. Imagínense que los muebles tomaran decisiones. Sería la anarquía. (*Se ríe y los demás ríen con él, pero sin convicción. Luego se sienta.*) ¿Lo ven? Me he podido sentar sin problema.

(*Entra* **Rose**, *limpiándose las manos. Habla muy deprisa, sonriendo mucho. Ellos quieren intervenir pero* **Rose** *no les deja.*) |
| **Rose** | ¿Qué está pasando aquí? ¿Qué es tan gracioso? Candance, cariño, no me habías dicho que teníamos a los inspectores más atractivos de Scotland Yard en nuestra casa. Soy Rose Sullivan, ya conocen a mi querida hermana Candance, ¿verdad? Candance, cielo, ¿no les has ofrecido un té caliente a estos caballeros? (**Candance** *sale hacia la cocina para traer la tetera.*) Seguro que están muertos de frío con este tiempo tan |

horrible que hace hoy, ¿verdad? Aunque... ¿cuándo no hace un tiempo horrible en Londres? ¿No les parece? ¿Son ustedes de aquí? Mi hermana y yo vinimos de Irlanda hace ya muchos años y todavía no nos acostumbramos a este clima tan severo. Pero, claro, si son ustedes de aquí estarán más que acostumbrados, ¿no? (*Entra* **Candance**.) ¡Aquí tenemos el té! Seguro que les hará entrar en calor. Yo preferiría una cerveza tibia, pero esto no es una taberna, como ustedes se pueden imaginar. Esta es una casa decente (**Candance** *sirve el té a los hombres. Le tiemblan las manos.* **Connor** *y* **Rose** *se fijan en ello.*) Pobre, pero decente. ¡Y limpia! Como pueden ver. Nuestra madre, que en paz descanse, nos inculcó unos valores y unos principios que para nosotras son sagrados, ¿verdad, Candance? (**Candance** *coge su botella de ginebra con intención de beber.*) ¡Adelante, caballeros, tomen su té! Nosotras acabábamos de tomar uno, ¿verdad, Candance? Lo que sí puedo ofrecerles, y seguro que no se atreverán a rechazarlo, es un chorrito de ginebra en su té. (*Se levanta para coger la botella mientras ellos niegan cortésmente.* **Candance** *está preocupada por si se acaban la botella.* **Rose** *tendrá que forcejear para quitársela.*) ¿Cómo que no? Un chorrito pequeño. Seguro que dos hombres tan fuertes como ustedes vencerían sin problema al más santo bebedor. Tranquilos, no me chivaré a sus superiores. (*Consigue arrebatarle la botella a* **Candance**.) Aquí está. Un chorrito nada más, para quitar el sabor a hierro del agua. Ya saben lo que dicen de la ginebra. Que es como el amor.

Cuanto más lo pruebas más te gusta. Aunque seguro que dos caballeros tan apuestos andan sobrados de amor, ¿verdad? En fin, ¿en qué podemos ayudarles?

(*El silencio que se crea, tras terminar* **Rose** *de hablar, es bastante notable. Tanto que dudan en romperlo.*)

Chips   Pues verán, señoras...

Rose   Señoritas. Y no será por falta de pretendientes, ¿verdad, Candance? Pero ya sabe, mi madre..., principios y valores...

Chips   Señoritas. Hemos oído que ustedes ofrecen sus servicios para cuidar niños en esta casa.

Rose   No.

Candance   (*Al mismo tiempo.*) Sí.

Rose   Sí, pero ahora mismo no. Esta misma mañana vino la última madre a recoger a su bebé porque nosotras regresamos a Irlanda. Ya sabe, la tierra es la tierra.

Connor   ¡Qué casualidad!

Chips   Entiendo. ¿Y me podría decir el nombre de la madre? Para el informe.

Rose	Eh... Stephanie.... no se qué. Lo siento. No solemos preguntar los nombres. Imagino que se hará una idea de la clase de mujeres que dejan aquí a sus hijos. (*Con sorna*.) Todas se apellidan Smith.
Chips	Mi madre se apellida Smith.
Candance	Nos dijo que se llamaba Dóchas. Lo recuerdo porque su hija se llamaba igual que ella. En irlandés «dóchas» quiere decir «esperanza». Tenía esperanza de que la vida de su hija fuera mejor que la de ella.
Rose	Y seguro que así será, pero... lo será en otro lugar. Gracias, Candance, por esa memoria prodigiosa que Dios te ha dado. Yo lo olvido todo. Ni sé qué día es hoy. Ni siquiera recuerdo su nombre, inspector...
Chips	Inspector Jefe. Inspector Jefe Chips.
Rose	(*Trata de no reírse*.) ¿Chips?
Connor	No sea usted impertinente, señora.
Chips	Tranquilo, inspector. Estoy acostumbrado.
Rose	Perdóneme, no lo había oído nunca. Me ha sorprendido. ¿Chips?
Chips	Ya ve usted. Chips.

*(Ella no puede evitar reírse. El inspector **Chips** también se ríe.)*

Rose   Me toma usted el pelo.

Chips   En absoluto, señorita Sullivan. Provengo de una larga tradición de Chips.

*(**Rose** ríe con fuerza.)*

Rose   ¡La feliz familia Chips!

Chips   El primer Chips llegó a Inglaterra en la época de los normandos. Era carpintero. Y le llamaban Chips por las pequeñas virutas de madera que siempre se le quedaban prendidas en la ropa. Luego se empezaron a cortar las patatas de esa forma para freírlas en aceite. Fue por mi apellido que me hice policía.

Rose   ¿Quería encontrar al culpable? *(Se ríe.)* Perdón.

Chips   Me gusta fijarme en las pequeñas cosas que se quedan prendidas en la vida de las personas. Esan son las pistas que nos llevan a atrapar a los delicuentes y a los asesinos.

Rose   Muy interesante, señor inspector, pero, como le he dicho, nos volvemos mañana a...

Chips   Por ejemplo, me he fijado que tiene tierra seca en las uñas. Como si hubiera estado cavando con las manos.

Rose	Esto es una granja, señor. Trabajamos la tierra.
Connor	Pero afuera está lloviendo. Y ha estado lloviendo desde hace varias horas. Es imposible que la tierra esté seca. Bien visto, señor. ¿Puede usted explicarlo, señorita Sullivan?
Rose	Cuando éramos niñas, en Irlanda, aprendimos todo lo que hay que saber sobre la tierra, ¿verdad, Candance? Lo que te puede dar, cuándo te lo puede dar, qué necesita para dártelo... pero también aprendimos que la tierra puede enfermar y dejarte sin nada.
Candance	¿Saben ustedes lo que es pasar hambre? Es una sensación horrible. Tu cuerpo se va debilitando hasta que pierdes el sentido de la realidad. Te mueves como un fantasma, sin hacer ruido. Nadie te ve aunque estés ahí.
Rose	Candance...
Candance	Entonces empiezas a llevarte cualquier cosa a la boca. Incluso las patatas podridas. Hasta que la misma plaga que infectó la tierra entra dentro de ti. Y empieza a consumirte.
Rose	Candance. Ya está bien.
Candance	El estómago se cierra. Ya no admite nada. La piel cambia de color por culpa de la infección y, de repente, dejas de respirar. Te quedas con los ojos abiertos mirando a la nada con una

mueca de horror y una única pregunta en la mente. ¿Por qué?

Rose   Disculpen a mi hermana. Salimos de Irlanda cuando la Gran Hambruna. No pudo superar la muerte de nuestros padres. Ellos... dejaron de comer para darnos a nosotras lo que quedaba y, claro... enfermaron antes. Y luego el prestamista nos quitó la casa y nos quedamos en la calle. Nuestro padre no pudo soportarlo y murió de un ataque al corazón. Nuestra madre murió de hambre.

Candance   Como los niños.

Connor   ¿Qué niños?

Rose   (*Rápida.*) Los niños que mueren en las calles de Londres. Seguro que se los encuentran todos los días. Parecen dormidos, pero están muertos. De frío, de hambre... Mi hermana, siempre que puede, los ayuda. Ella es así. Pura bondad.

Connor   Aún no ha explicado por qué tiene arena seca entre las uñas, señorita Sullivan.

Rose   Zanahorias, cebollas, repollos... Se asombraría usted de lo que puede crecer sin la luz del sol. Solo hay que conocer bien la tierra. Y la tierra que hay bajo esta casa es la más fértil de toda Inglaterra.

Candance   Necesito sentarme.

(Todos se levantan para sujetar a **Candance,** *que parece mareada, y la ayudan a sentarse.)*

Rose   Lo que tendrías que hacer es tumbarte un rato. La pobre está emocionada por el regreso a nuestra ciudad.

Chips   ¿De qué parte de Irlanda son ustedes?

Rose   Del Sur. Del condado de Kerry. ¿Lo conoce?

Connor   ¿Quiere hacernos creer que tiene el sótano lleno de zanahorias? ¿Se piensa que somos estúpidos?

Chips   No es necesario ser grosero con la señorita Sullivan. Estoy seguro de que dice la verdad. No obstante, para tranquilidad de mi compañero, ¿sería tan amable de mostrarle ese prodigio de la agricultura casera?

Rose   Sin ningún problema, señor inspector.

Chips   Inspector Jefe.

Rose   Inspector Jefe. Si es tan amable de acompañarme, señor inspector a secas, le enseñaré todas las zanahorias que quiera. Eso sí, por favor, no pisotee los cultivos.

(Rose y **Connor** *bajan al sótano.* **Candance** *no deja de mirar la botella de ginebra que ha quedado en la mesa.* **Chips** *se da cuenta de ello.)*

Chips	Si le apetece tomar un vaso de ginebra, por mí no deje de hacerlo, señorita. Después de haberse casi desmayado, sin duda le sentará bien. Permítame que le traiga un vaso. (*Entra en la cocina para coger un vaso y regresa. Le sirve y la botella se vacía.*) ¡Vaya! ¡Qué contrariedad! Apenas si tiene usted medio vaso. ¿Será suficiente o... tal vez tenga otra botella en algún sitio? (**Candance** *asiente y señala un arcón que hay en un lateral.* **Chips** *se acerca al arcón y saca otra botella de ginebra. Antes de cerrar, se queda mirando el interior del arcón, sin decir nada. Cierra y regresa a sentarse con* **Candance**. *Abre la botella y continúa sirviendo.*) Usted me dirá hasta dónde. (**Chips** *sigue llenando el vaso, pero* **Candance** *no le dice nada, así que tiene que parar para que no se salga el líquido del vaso.*) Parece que tiene sed. (**Candance** *comienza a beber. Casi se termina el vaso. Se da cuenta y lo deja sobre la mesa, mirando al inspector.*) ¿Se encuentra ya mejor?

Candance	(*Asiente.*) ¿Están buscando a un niño?
Chips	A varios, a decir verdad.
Candance	¿Los que ha matado esa mujer que han ahorcado?
Chips	Me temo que a esos no los vamos a encontrar ya. Pero, por lo que hemos descubierto, Margaret Waters no era la única que cometía esas atrocidades.

Candance ¿No?

Chips No, señorita Sullivan. La maldad del ser humano no parece tener límite.

Candance ¿Lo hacen por maldad?

Chips ¿Por qué, si no? ¿Quién, si no es un diablo, puede asesinar a un niño indefenso? ¿Usted sería capaz? (**Candance** *se termina el vaso, observada por* **Chips**.) Y... ¿cuándo vinieron las otras madres a buscar a los otros niños?

Candance ¿Qué niños?

Chips Imagino que no solo tendrían al bebé que recogieron esta mañana.

Candance N...no.

Chips ¿Y dónde están?

Candance (*Respira con dificultad.*) Están todos aquí.

Chips ¿Aquí? ¿Qué quiere decir? ¿Dónde es aquí?

Candance (*Mirando a su alrededor.*) Aquí. Con nosotros. En este momento están colgando una cuerda en el techo para jugar al juego de los ahorcados. ¿Alguna vez ha jugado a ese juego? Nos juntábamos algunos niños en el granero, nos subíamos al tejado y saltábamos a la montaña de heno, rozando la pared donde se colgaban las herramientas y las hoces. Normalmente nos hacíamos cortes en la espalda. Pero si quedabas enganchado en el aire, como un ahorcado, perdías el juego. Porque te quedabas allí, colgado, hasta que venía tu padre y te bajaba. Se puede imaginar la paliza que recibía el que perdía el juego.

Chips Un juego peligroso, sin duda.

Candance Cuando eres niño no ves el peligro. Cuando eres niño no le tienes miedo a la muerte. Ningún niño debería nunca tener miedo a morir.

(*Escuchamos a* **Connor** *y a* **Rose**, *que suben discutiendo por las escaleras.*)

Connor Ya me he disculpado con usted por estropear su... zanahoria. No hace falta que me siga golpeando con ella.

Rose Le dije que no era necesario hundir la mano hasta el fondo.

Chips ¿Qué ocurre?

Rose ¡Mire lo que le ha hecho a esta zanahoria!

(*Le muestra una zanahoria partida.*)

Connor Solo es una zanahoria. No tiene mayor importancia.

Rose   Solo el que no ha pasado hambre se atreve a despreciar así el fruto de la tierra.

Connor   Tenía que comprobar que solo había hortalizas enterradas.

Rose   ¿Y qué va a haber? ¿Un cofre con dinero?

Chips   El inspector Spencer solo ha seguido mis instrucciones, señorita Sullivan. No puede usted imaginar lo que hemos llegado a encontrar enterrado bajo las casas.

Rose   ¡Oh...! Lo... entiendo, claro. (*Mira a* **Candance**.) ¿Qué haces bebiendo? ¿Y esa botella?

Chips   Su hermana estaba muy pálida. Así que le insistí en que un vaso de ginebra le sentaría bien. Mírela. Tiene mejor color.

Rose   Pero... ¿de dónde ha sacado otra botella?

Chips   La he cogido del arcón. Pero supongo que usted ya sabía que estaba allí.

Rose   Claro. La puse yo. Lo había olvidado. Esta cabeza mía...

Chips   Entre la ropa para niños que tiene, también, guardada.

Connor   ¿Ropa para niños? (**Connor** *se acerca al arcón, lo abre y saca dos o tres prendas que son, claramente, de niños pequeños*.) ¿Y esto, señorita Sullivan?

Rose   Como ya les he dicho, acogíamos niños. Pero se acabó, porque...

Connor   Regresan a Irlanda, sí. Ya nos lo ha dicho. ¿Y los niños se iban de esta casa desnudos?

Rose   ¿De verdad se cree que íbamos a permitir que se fueran de aquí desnudos?

Connor   No lo sé. ¿Lo permitieron?

Rose   Evidentemente, no.

Connor   ¿Y esta ropa, entonces?

Rose   Era de ellos. Antes de irse les regalábamos ropa nueva.

Connor   (*Con sorna.*) ¿Ustedes les compraban ropa?

Rose   Si hubiéramos podido hacerlo, créame que se habrían ido de aquí vestidos como marqueses. No les comprábamos ropa. Se la conseguíamos.

Connor   ¿Y para qué guarda estos harapos?

Rose   Para llevarlos al orfanato.

Connor   ¿Esta ropa raída?

Rose	Cómo se nota que nunca le ha faltado con qué vestirse.
Chips	(*Que no ha dejado de mirar a* **Candance** *en ningún momento.*) ¿Se encuentra usted bien, señorita Sullivan?

(**Candance** *asiente. Se levanta y va hacia* **Connor***.*
Toma entre sus manos la camisa raída de Thomas.)

Candance (*A* **Rose**.) Es la camisa de Thomas. ¿Te acuerdas de Thomas? (*A* **Connor**.) Thomas fue el primer niño que vino a nuestra casa. Era un niño muy despierto. Su madre no quería que terminara limpiando chimeneas como otros muchos niños. Ni en las minas. (*A* **Chips**.) ¿Sabía usted que muchos niños mueren atrapados en los tubos de las chimeneas? ¿Ahogados por el hollín? ¿Y que para saber si de verdad están muertos, los patrones encienden las chimeneas y esperan? Si no gritan, es que están muertos. La madre de Thomas no quería eso para su hijo. Quería que tuviera una oportunidad. Robó comida para alimentarlo y la encerraron en la cárcel. Y antes de ir a prisión nos rogó que cuidáramos de su hijo hasta que ella saliera y pudieran estar juntos de nuevo.

Connor	¿Y... bien? ¿Dónde está Thomas ahora?
Rose	Se fue. ¿Verdad, Candance? Se marchó con su madre y con ropa nueva y limpia. ¿Verdad,

hermana? Porque nosotras tenemos valores. Y principios. ¿Verdad?

Candance No.

Rose ¿Cómo que no? Desvarías.

Candance No se marchó.

Rose Hace tiempo de aquello, pero yo creo recordar que...

Chips ¿Y dónde está, Candance?

Candance Aquí. Con nosotros. Todos están aquí.

(**Candance** *repite una y otra vez «Todos están aquí». Los diálogos se cabalgan unos al tiempo de otros.*)

Rose Es evidente que no se encuentra bien.

Connor Cálmese, señorita Sullivan.

Chips Candance...

Rose Deberían marcharse. Mi hermana debe descansar antes del viaje.

Connor No vamos a irnos a ningún sitio hasta que todo esto se aclare.

(**Candance**, *de repente, se queda rígida, con el brazo levantado al frente y los ojos muy abiertos. En la mano sujeta la camisa de Thomas. Respira con dificultad.*)

Chips   ¿Candance? ¿Se encuentra bien?

(*Parece que está a punto de caer y todos se acercan a ella cuando, de repente, emite un grito seco y su cabeza queda ladeada.* **Chips** *la ayuda a llegar hasta la silla y la sienta.* **Candance** *no abandona la rigidez del tronco, la mano alzada, los ojos abiertos y la cabeza ladeada.*)

Rose   ¿Hermana? ¿Candance?

Connor   ¿Está fingiendo?

Rose   ¡Qué tontería! ¿Para qué iba a fingir?

Chips   No. No está fingiendo. Está en trance. Ya lo he visto antes en otras personas alcoholizadas o adictas al opio.

Rose   Mi hermana no es alcohólica. Solo bebe de vez en cuando. Porque echa de menos su tierra. Por eso regresamos mañana.

Chips   Cuando se encuentran en este estado puedes preguntarles cualquier cosa que siempre te responderán la verdad. En cierta ocasión interrogué a un hombre ya mayor, cuya identidad no revelaré por cuestiones obvias, de muy buena posición social, que había desarrollado una peligrosa adicción a la morfina. Hablamos durante más de una hora de diferentes asuntos, todos ellos de profundo calado intelectual. Filosófico, me atrevería a decir. Y con un razonamiento absolutamente lógico me explicó cómo había asesinado a seis prostitutas y abierto sus cuerpos para extraerles los órganos. Aunque su cuerpo era incapaz de moverse, su mente podía recordar todos los detalles de los crímenes. Incluso los más nimios.

Connor   Es fascinante. ¿Y no era consciente de que se estaba delatando?

Chips   En absoluto. En este estado conceptos como el bien o el mal desaparecen. Él estaba orgulloso de sus habilidades y conocimientos, y los compartía conmigo como podría hacerlo un profesor o un médico entre sus colegas.

Rose   Yo creo que lo mejor es que se acueste un rato.

Chips   ¿Candance? ¿Puede usted hablar?

(**Candance** *habla con voz de ultratumba, como si varios niños hablaran a través de ella.* **Rose** *se alarma.*)

Candance   Ella está con nosotros.

Connor   ¿Y esa voz?

Chips	Recuerde que la garganta depende de varios músculos para emitir sonidos, señor Spencer. Si están tan rigidos es normal que la voz suene más grave.
Rose	Pero... apenas ha abierto los labios para hablar.
Chips	Lo justo y necesario, señorita Sullivan. Solo lo justo y necesario. ¿Candance?
Candance	No somos Candance.
Chips	Muy bien. ¿Con quién estoy hablando? ¿Dónde está Candance?
Candance	Está descansando para poder cuidar luego de nosotros.
Chips	Y... ¿quiénes sois vosotros?
Candance	Somos los niños que murieron por culpa del frío y el hambre.
Rose	¿Lo ven? Es todo corazón. Hasta en este estado piensa en los niños de la calle.
Connor	Es realmente sorprendente. Nunca había conocido a nadie capaz de desdoblar la voz.
Rose	Mi hermana tiene mucho talento.
Connor	¿Es eso posible?

Chips   Un familiar mío, que suele viajar por Asia, me habló de unos monjes en Mongolia que pueden entonar grave y agudo al mismo tiempo cuando cantan. Aunque dudo que la señorita Sullivan haya estudiado con los monjes mongoles, ¿me equivoco?

Rose   ¿Candance en Mongolia? No, Inspector Jefe. Le aseguro que nunca hemos salido de las islas.

Chips   Así que la causa más lógica debe ser la rigidez de la garganta, que genera una voz aguda y otra grave. Excepcional, sin duda, pero posible.

Connor   ¿Y el resto de las voces?

Chips   ¿Voces? Creo que se está dejando llevar por su imaginación, señor Spencer. Solo es una voz. ¿No querrá insinuar que está poseída?

Connor   No..., señor Inspector Jefe.

Rose   Por supuesto que mi hermana no está poseída. Es una mujer decente. Con valores y principios y... lo que está es cansada. Debería irse a descansar.

Chips   Sí, enseguida, señorita Sullivan. Es interesante su conclusión, señor Spencer, aunque del todo improbable. No deja de sorprenderme que un hombre como usted, culto y cabal, se haya dejado tentar por una explicación sobrenatural.

Connor   Discúlpeme, Inspector Jefe.

Chips   No obstante, es posible que la señorita Candance también lo crea. Este episodio se ha producido en el momento en que ha tomado en su mano la camisa de aquel niño. ¿Cómo se llamaba?

Rose   No me acuerdo. Esta memoria mía...

Connor   Thomas.

Rose   Eso. Thomas.

Chips   Me dirijo a los niños que habitan el cuerpo de Candance. ¿Está Thomas con vosotros?

Rose   No creo, porque se fue con su madre.

Chips   ¿Puedo hablar con el niño llamado Thomas? (*El rostro de* **Candance** *se transforma. Una sonrisa cruel se adueña de los labios y su cabeza abandona la rigidez para mirar al inspector. Su respiracion es muy sonora. Tanto* **Rose** *como* **Connor** *retroceden un paso, asustados.*) ¿Eres el niño Thomas?

Candance   Ahá.

Chips   ¿Esa camisa es tuya?

Candance   Me la hizo mi madre con una tela que encontró tirada en un callejón. También me hizo unos pantalones. Ahora no me hacen falta porque no tengo piernas. Era demasiado grande y no cabía en mi nueva casa, así que las cortaron. Pero no me importa. No necesito piernas para correr por donde quiero. ¿A usted le gusta correr?

Chips Oh, cuando era niño no había quien me parara. ¿Y qué más te gusta hacer, Thomas?

Candance Jugar al escondite. ¿Quiere jugar al escondite conmigo, señor?

Chips Me gustaría mucho, Thomas, pero me temo que no tengo tiempo. La policía está siempre muy ocupada.

Candance Por favor, juegue conmigo al escondite. Encuéntreme.

Chips Quisiera preguntarte algo, Thomas...

Candance ¡Encuéntreme! (**Candance** *deja caer la camisa y regresa del trance.*) ¿Qué ha pasado?

Rose Te has dormido. Y has hecho una cosa rara con la voz.

Connor Reconozco que no sabría explicar lo que ha pasado.

(*Mientras ellos hablan, el Inspector Jefe* **Chips** *ha cogido el vaso de cristal y lo ha olido. Luego lo mira al trasluz.*)

Chips   Creo que yo sí tengo una respuesta. ¡Láudano!

             (*Le entrega el vaso a* **Connor** *que lo huele y lo mira. Luego lo hace* **Rose**.)

Rose   Huele a ginebra.

Chips   ¿Usted lo ha notado también, Spencer?

Connor   Me temo que... no, inspector jefe.

Chips   Al entrar en la casa me confundió el olor de la tierra mojada, pero tras el episodio de Candance, perdón, de la señorita Sullivan, mi sospecha ganaba fuerza, hasta que el círculo marrón que se puede ver en el fondo del vaso me lo ha confirmado. (*A Candance.*) ¿Acostumbra usted a tomar láudano?

Candance   A veces, para dormir. Me cuesta conciliar el sueño. Y también para los dolores de cabeza.

Chips   ¿Y lo toma usted una vez a la semana o...?

Candance   Todas las noches. Y algunas tardes.

Chips   ¿Y lo mezcla usted con ginebra?

Candance   No, con un poco de agua. Este vaso lo uso para beber agua, pero usted me sirvió aquí la ginebra y no quise desperdiciarla.

Chips   ¿Y... en qué vaso suele beber la ginebra? Si pudiera mostrármelo...

Candance   (*Avergonzada.*) No... no uso vaso.

Chips   ¿Bebe directamente de la botella?

Candance   S-sí.

Chips   ¿Muy a menudo?

(**Candance** *asiente con la cabeza.*)

Connor   ¿Bebía mientras era responsable del cuidado de unos niños pequeños?

Rose   Un momento, señor «inspector-a secas-destroza-zanahorias». De los niños me preocubaba yo. Y le aseguro que yo no bebo ginebra ni necesito láudano. Si en esta ciudad de mierda hubiera cerveza decente no se la rechazaría. Y muy probablemente le tumbaría bebiendo. Pero mientras ha habido niños en esta casa, jamás he probado una gota de alcohol. Mi hermana bebe, sí. Ya han descubierto su terrible secreto, señores detectives. ¿Les parece que ya la han humillado lo suficiente? ¿O todavía no están satisfechos? El vaso no está limpio. ¡Qué novedad! Con el agua sucia del Támesis que contamina todos los pozos es casi mejor no limpiar hasta que no queda más remedio. Somos pobres, sí. Cultivamos hortalizas en el sótano de la casa, sí. Pero tenemos valores y principios.

Así que, si no les importa, aún tenemos que recoger nuestras cosas porque mañana regresamos a nuestra tierra. ¿Creen que no me he dado cuenta? En cuanto han visto que no éramos inglesas han ido a por nosotras. Como si los irlandeses fuésemos los responsables de todos los males de Londres.

Connor Mi madre, señorita Sullivan, era profesora . Una mujer adelantada a su tiempo, devota de la enseñanza. Todos los días iba caminando desde Somers Town a St. Giles para dar clase a los niños pobres. ¿Conoce usted St. Giles?

Rose Vivimos allí un tiempo cuando llegamos. No pudimos escoger barrio. A la mayoría de nosotros nos hacinaron allí. Como ganado.

Connor Era un barrio humilde, pero tranquilo. Y, de repente, vió multiplicado por miles el número de habitantes. Muchos ingleses que allí vivían perdieron sus trabajos porque los irlandeses los aceptaban por la mitad del salario. Tenían que dejar las habitaciones porque a los irlandeses no les importaba vivir cuatro en una habitación. La delincuencia no tardó en llegar a los barrios cercanos. Clerkenwell, Bloomsbury, Islingtown... Pero mi madre continuaba acudiendo todos los días a la escuela para enseñarlos a leer y a escribir, a pesar de que la insultaban por la calle por ser protestante. ¿Fueron ustedes a la escuela?

Rose	No. Los patronos ingleses nos metieron en una fábrica para trabajar diez horas diarias.
Connor	Lo lamento. Si hubieran ido a la escuela, tal vez podrían haber conocido a mi madre. Una noche, cuando regresaba a casa, un irlandés borracho le clavó un hierro en el estómago para arrebatarle una pequeña cadena de plata, casi sin valor. Y la dejó tirada en el suelo, desangrándose. Nadie la ayudó. Decenas de irlandeses tuvieron que pasar por su lado y nadie hizo nada por ayudarla. La dejaron morir en el suelo hasta que, al día siguiente, un policía la encontró por casualidad. Por supuesto, nadie pudo hacer una descripción de su asesino. Nadie estaba mirando. No la culpo de los males de Londres, señorita Williams. Pero si los irlandeses no hubieran venido mi madre seguiría viva.

*(Mientras hablaba, **Connor** se ha ido acercando a **Rose**. Al terminar su parlamento, **Rose** se queja de una patada en la pierna.)*

Rose	¡Ay! ¡Me ha dado una patada! ¿¡Cómo se atreve!?
Connor	Yo no...
Chips	Le aseguro que el inspector Spencer no le dado ninguna patada.
Candance	Han sido ellos.

Rose   ¿Cómo puede negarlo? ¡Seguro que tengo la marca de su bota en la pierna!

Connor   Yo no la he tocado, señorita Sullivan.

(**Rose** *pone la pierna encima de la mesa y se levanta la falda para mostrar la piel.*)

Rose   ¿No? ¿Y esto que es?

(*Todos observan la pierna. Podemos ver la marca de un mordisco.*)

Connor   Es un... mordisco.

Candance   Ellos te han mordido.

Chips   ¿De qué está hablando, Candance?

Rose   ¡De nada! ¿No ha quedado claro que mi hermana delira por culpa del alcohol? Pues deje de hacerle preguntas. Si quiere saber algo más, me lo pregunta a mí. ¿Creen que me dan miedo? No es la primera vez que la policía nos atosiga y nos golpea.

Connor   Le repito que yo no la he golpeado. Ni siquiera me he acercado a usted. Inspector jefe, usted ha visto...

Chips   La señorita Sullivan tiene sus razones para considerarnos hostiles, inspector Spencer. Creo que lo último que deberíamos hacer es alimentar esas razones, ¿no le parece? (*A* **Rose**.) Debería curarse esa herida, señorita Sullivan. Está sangrando. Si usted me permite... (**Chips** *saca su pañuelo y lo moja con un poco de ginebra. Se dispone a limpiar la herida.*) Lo cierto es que se puede apreciar la marca de una pequeña dentadura. ¿Lo ve, inspector? Los dientes superiores y los dientes inferiores, perfectamente alineados. ¿Lo ve usted, Rose?

Rose   Habrá sido la punta de su bota.

Chips   Una bota dejaría una marca diferente, se lo puedo asegurar. Y es más probable que provocara un moratón por el golpe más que un arañazo. Y, desde luego, sería imposible que dejara dos líneas de pequeñas heridas, perfectamente simétricas. No. Esto es un mordisco, sin duda. Y, como bien ha indicado su hermana, un mordisco de niño o de niña. Por la distancia entre las incisiones, yo diría que de unos cuatro o cinco años. ¿No le parece, inspector Spencer? La pregunta que me hago es ¿cuándo le ha mordido un niño, señorita Sullivan? Y ¿por qué?

Candance   Ahora.

Rose   (*Rápida.*) Ahora..., ahora lo recuerdo. ¡Esta memoria mía...! Un niño me mordió esta mañana, cuando estaba en el mercado. No se por qué. Se metió debajo de mi falda. Yo creía que estaba jugando a esconderse, pero de repente me mordió. No tengo ni idea de por qué lo hizo. Y su ayudante debió tocar la herida al darme la patada.

Connor   Yo no...

Rose   Y se abrió la herida otra vez. Tiene lógica, ¿no, señor inspector jefe? Y a usted le gustan las cosas que tienen logica. (*Baja la pierna de la mesa.*) Gracias por curarme la pierna, pero... si no tienen más preguntas... tenemos que preparar el viaje para mañana, así que...

(**Rose** *señala la puerta. El inspector jefe* **Chips** *y* **Connor** *se disponen a irse.* **Connor** *se acerca para hablarle aparte.*)

Connor   ¿De verdad vamos a irnos?

Chips   La lluvia es cada vez más violenta.

Rose   Dígame algo que no sea violento en esta ciudad.

Chips   Me preguntaba... ¿tienen intención de volver a Irlanda mañana?

Rose   Así es.

Chips   Supongo que tomarán el tren a la estación de Paddington y, desde allí, ir directos a Liverpool, un carro al puerto, el barco a...

Rose   A Irlanda.

Chips	Ya me imagino, pero ¿a qué puerto? Si quieren ustedes regresar a Kerry... Imagino que viajarán hasta Cork.
Rose	Sí, Cork es... adónde habíamos pensado, claro. ¿Dónde si no?
Chips	Y desde Cork otro tren a Killarney y, desde allí, otro carro hasta Kerry...
Rose	S-sí. Es lo que había pensado.
Chips	Al menos tres días de viaje. O cuatro.
Rose	Sí. Estamos muy lejos de casa. Ya lo sabemos.
Chips	Y es un viaje realmente caro. Son muchos transportes.
Rose	Hemos estado ahorrando.
Chips	Cuidando niños, ¿no es así?
Rose	Trabajando donde fuera y gastando lo justo y necesario.
Chips	Y alimentando a los niños, claro.
Rose	¡Por supuesto! Nunca les faltó de nada. ¿No se iban ya?
Chips	Corrígame si me equivoco, señorita Sullivan. Cuando una madre deja a su hijo en una granja,

les proporciona una cantidad de dinero para cubrir la manutención del niño y, de esa cantidad, ustedes retienen su porcentaje. ¿Es correcto?

Rose   Sí, así es como funciona.

(**Candance** *empieza a reírse, aunque trata de taparse la boca.*)

Connor   (*Comprendiendo.*) ¿Cuánto hace que se ofrecen para cuidar niños?

Rose   No me acuerdo, lo siento.

Candance (*Riendo.*) Cuatro años.

Rose   Es verdad, cuatro años. ¡Esta memoria mía...!

Connor   Y... más o menos, en estos cuatro años, ¿a cuántos niños puede haber cuidado?

Rose   No lo sé, no llevo la cuenta. Unos cuantos.

Candance (*Riendo cada vez más.*) Treinta y dos. Treinta y dos niños.

Rose   Gracias, hermana. (*Sirviéndole un vaso de ginebra.*) ¿Por qué no te terminas la botella y te duermes de una vez?

Connor   No me salen las cuentas, señorita Sullivan. ¿Les pagaban semanalmente...? ¿Les entregaban una cantidad anual...?

Candance La madre de Thomas, sabiendo que iba a terminar en prisión, pasó la noche en las calles, entregándose a los hombres hasta conseguir dos chelines. Nos entregó un pañuelo sucio en el que había conseguido reunir tres chelines y seis peniques. «Os entrego mi vida», nos dijo, con lágrimas en los ojos.

(**Candance** *no puede evitar que la risa que trata de ocultar, estalle.*)

Rose ¿Se puede saber qué te hace tanta gracia?

Candance Son los niños. Están todos aquí, mirándote y haciendo bromas sobre qué aspecto tendrás cuando te cuelguen por el cuello.

Rose ¡Estás borracha! ¡Como siempre! ¡Por eso se han llevado al bebé esta mañana! Porque cuando las madres ven a mi hermana, agarrada a la botella, no quieren que sus hijos estén aquí. ¿Es lo siguiente que me iba a preguntar, no? ¿Que por qué tantos niños? ¿Que dónde están si nos pagan anualmente? ¡Que treinta y dos niños son muchos niños! ¡Pues ya está, se descubrió el pastel! Mi hermana es otra irlandesa borracha y andrajosa. Pero si insinúan que les hemos hecho daño a los niños déjenme decirles algo: ¡váyanse al infierno! Nosotras tenemos valores. Y principios. Y... Estoy... estoy muy cansada y... aún tengo que preparar el viaje...

Chips	Con esta lluvia tan intensa no encontrará forma de llegar hasta Padington. Y es muy probable que se hayan suspendido los viajes en tren hasta mañana. Pero nuestro carro está fuera. Podemos acercarlas hasta la estación.
Rose	¿Se cree que soy estúpida? (*A* **Connor**.) Puede que no sea tan lista como su madre, pero no soy tan imbécil como para meterme en un carro con ustedes dos. Aunque tenga que llegar nadando a Irlanda no pienso quedarme ni un minuto más en esta ciudad de mierda.(*El inspector jefe* **Chips** *vuelve a sentarse junto a* **Candance**.) ¿Qué hace? ¿No se iban? ¿Qué quiere ahora? ¿Otro maldito te?
Connor	Debería calmarse, señorita Sullivan.
Rose	Y, si no, ¿qué? ¿Me dará otra patada? Eso es lo que les gusta, ¿verdad? Patearnos como si fuéramos perros. Pero tenga cuidado, señor inspector a secas. Esta perra se revuelve.
Chips	Candance, ¿se encuentra usted bien?
Candance	Sí, ya no tengo miedo. Estoy aquí, tranquila, junto a mis niños.
Chips	Candance... ¿dónde están los niños?
Candance	Están todos aquí. ¿No puede verlos? Los bebés se arrastran por el suelo, la pequeña Mary estaba aprendiendo a caminar así que está apoyada

en el baúl, las gemelas miran divertidas al señor Spencer. Les hace gracia lo serio que habla. Otros están correteando por la casa, jugando a estar vivos. ¿No los oye?

Chips   ¿Y Thomas?

Candance   Está escondido. Jugando al escondite. Quiere que usted le encuentre.

Chips   ¿Y dónde está escondido, Candance?

Candance   No puedo decírselo, señor inspector.

Connor   Inspector jefe.

Candance   Sería hacer trampas.

Chips   No le diré que me lo ha dicho, se lo prometo. Puede decírmelo en voz baja.

Rose   Candance... ¿No ven que está muy borracha?

Chips   ¿Dónde está? (**Candance,** *tras mirar a todos, señala con su dedo el sótano.* **Connor** *baja corriendo al sótano.* **Chips** *mira a* **Rose**. *Se levanta.*) Siempre se nos quedan pequeños trozos del pasado colgados, señorita Sullivan. Solo hay que saber mirarlos. Con paciencia. Y tarde o temprano esos pequeños trozos encajan perfectamente en el puzzle.

(*Al poco, escuchamos a* **Connor**, *gritando.*)

Connor	¡Inspector jefe! ¡Baje! ¡Esto es... es espantoso!

(**Chips**, *con calma, baja al sótano.* **Rose** *corre a por su capa.*)

Rose	¡Deprisa, tenemos que salir corriendo! ¿No me oyes? (**Candance** *no se levanta de la silla. Continúa mirando a su alrededor, sonriendo. A veces extiende las manos, como si pudiera tocar las manos de los niños.* **Rose** *trata de abrir la puerta pero no puede.*) ¿Qué le pasa a esta maldita puerta? ¡Ayúdame, Candance! ¡Tenemos que irnos!

Candance	Ellos no nos van a dejar salir de aquí. Ya te lo dije. Quieren que nos quedemos aquí para siempre.

Rose	¡Pues quédate tú con ellos! Yo no pienso quedarme aquí para que me ahorquen. ¡Espera! ¡El dinero! ¡Necesito el dinero para volver a casa! Pero el dinero está abajo. ¡Y ellos están abajo también! Ya sé lo que haremos. Tú... entretenlos cuando suban y yo abriré un hueco en la pared para entrar en el sótano y desenterrar la caja con el dinero. Eso es. Pero antes tengo que abrir esta maldita puerta.

(*Entra* **Connor**, *que lleva en sus manos la calavera de un niño de seis años. Le sigue* **Chips**.)

Connor	¡Asesina! ¿Esta es la calavera de Thomas?

(**Candance**, *al ver la calavera, la toma entre sus manos y la abraza.*)

Candance   Mi pequeño Thomas. ¿Lo ves? Te encontraron. El juego ha terminado.

Rose   ¡Fue ella! ¡Está loca! Por culpa del alcohol. ¡Está enferma! ¿No lo ven? Yo... trataba de impedirlo, pero... a veces... tenía que dejarla sola con los niños y entonces, ella, les hacía tomar el láudano. ¡Yo ni siquiera sé dónde está el frasco! ¡Los mataba ella! Pero es mi hermana, ¿lo entienden, no? Es... No podía denunciarla. Los niños ya estaban muertos. Así que los enterrábamos en el sótano. ¡Pero la asesina es ella! Yo tengo valores. Y principios.

Chips   Señor Spencer... detenga a esa mujer.

Connor   Será un placer, inspector jefe.

(**Connor** *se acerca a ella con las esposas en la mano.* **Rose** *agarra el palo que quedó tirado al inicio.*)

Rose   No se acerque a mí.

(*De repente, el brazo de* **Rose** *se retuerce y el palo cae de su mano. Luego siente que se está ahogando. Intenta quitarse una soga que aprieta su cuello y que nadie puede ver. Su cuerpo se estira, como si alguien estuviera tirando de la cuerda para ahorcarla.*)

Connor   ¿Qué ocurre?

Candance Son los niños. Están jugando al juego del ahorcado.

(**Rose**, *finalmente, muere ahogada. Su cuerpo cae al suelo.*)

Candance Ahora estará con ellos para siempre.

Chips   Señorita Sullivan... Candance... debe usted acompañarnos.

Candance ¿Con esta lluvia tan violenta? No llegaríamos muy lejos. No. Es mejor quedarse aquí, con los niños. ¡Mírenlos, qué felices están ahora! Saltando en corro alrededor nuestro. Quieren que me una a ellos. ¿No son adorables?

(**Candance** *se levanta y parece tomar las manos de unos niños. Comienza a jugar al corro. Su mente ya no está aquí.* **Chips** *y* **Connor** *la miran desde el centro de la sala.*

Fundido a negro.)

Fin.

La cuerda que no deja dormir

Hay obras que se escriben desde la necesidad de mostrar lo que la Historia ha querido olvidar. *Están todos aquí* pertenece a esa estirpe de piezas que, sin reclamar un lugar en el panteón del «gran teatro histórico», se anclan en un episodio muy concreto —el Londres de 1870, el día de la ejecución de Margaret Waters— y desde ahí levantan un escenario en el que lo social, lo íntimo y lo sobrenatural se entrelazan sin resquicio. La acción se concentra en una casa rural a las afueras de la ciudad, lejos del bullicio urbano pero atravesada igualmente por sus miserias. No hay decorado fastuoso ni artificios narrativos: hay dos hermanas, Rose y Candance, que han hecho de la acogida de niños un modo de supervivencia. Y hay una noticia que llega desde la horca: otra mujer, una nodriza de los barrios bajos, ha sido ejecutada por infanticidio. Esa cuerda, aún oscilando en el cadalso, es la que hace tambalear todo lo que parecía estar sostenido en silencio.

El texto juega con un doble registro desde sus primeras páginas: lo realista y lo grotesco. El realismo está en la descripción seca de la pobreza, en las cuentas que no cierran, en la botella que corre de mano en mano, en la desconfianza con que se miran dos hermanas que han compartido demasiado. El grotesco aparece en las risas nerviosas, en los comentarios mordaces de Rose, en esa ironía negra que aflora cuando la vida se mide por lo que vale un bocado de pan o un servicio prestado al margen de la ley. Ese humor no funciona como alivio, sino como un espejo invertido: obliga al lector a reírse con un nudo en la garganta, a preguntarse de qué se está riendo exactamente. Es ahí donde el texto se torna incómodo y poderoso.

Dos hermanas y un sótano

Los personajes principales, Rose y Candance, son dos caras de una misma herida. Rose aparece como la voz firme, la que sostiene el relato con la fuerza de quien ha aprendido a sobrevivir sin mirar atrás. Habla con desparpajo, con esa autoridad que solo da la costumbre de imponer la propia versión de los hechos. Su humor es corrosivo, su desprecio por las convenciones morales apenas se disimula, y sin embargo hay en ella una grieta que se va ensanchando a medida que la obra avanza. Candance, en cambio, es la que carga con el peso de la culpa. Su cuerpo frágil, su tendencia a la ensoñación y al trance, la convierten en la médium por la que entran en escena los fantasmas. Lo que Rose quiere enterrar, Candance lo convoca. Y esa diferencia es la que termina por quebrarlas a ambas.

Los inspectores que llegan a la casa, Chips y Connor, son algo más que simples instrumentos de la trama policial. Funcionan como contrapunto y como catalizadores. Chips, con su ironía y su verbo cargado de anécdotas, representa la maquinaria del Estado que quiere comprender, registrar, catalogar. Connor, más sensible, más vulnerable, introduce el eco de una violencia de clase y de origen que no está tan lejos de las hermanas como él quisiera. La tensión entre interrogadores e interrogadas sostiene gran parte del pulso dramático, y dota a la obra de un aire casi procesal que pronto se ve desbordado por lo espectral.

Porque lo decisivo aquí no es la investigación, ni siquiera la culpa confesada o descubierta: lo decisivo es el regreso de los niños. No como metáfora, sino como presencia. Voces que se filtran, risas que incomodan, pasos que no deberían oírse. El título de la obra, *Están todos aquí*, cobra sentido en ese crescendo que ya no es psicológico, sino físico. La memoria no se invoca: se impone. La casa se convierte en un espacio asediado por lo que debería haber permanecido bajo tierra. Esos fantasmas son al mismo tiempo la acusación más contundente y la única justicia posible, porque la ley, aun estando presente, resulta insuficiente. Scotland Yard puede levantar informes, puede recopilar pruebas; pero son los espectros quienes dictan la condena final.

En ese tránsito de lo social a lo sobrenatural, la obra consigue algo poco frecuente: que el espectador acepte lo fantástico sin que se quiebre el verosímil. Lo logra porque la pobreza, la miseria, la desesperación ya son de por sí monstruosas. El hambre, la soledad, la marginación crean una atmósfera donde lo imposible se vuelve lógico. Cuando Candance entra en trance y las voces infantiles hablan por su boca, el espectador no duda: reconoce ahí la prolongación natural de una vida deshecha. El horror gótico no se superpone al drama social, sino que brota de él como una consecuencia inevitable. El estilo del texto acompaña esta doble naturaleza. Los diálogos son ágiles, con una oralidad que no teme a la interrupción, al balbuceo, a la repetición nerviosa. El humor negro irrumpe sin aviso y se mezcla con el lirismo de ciertas frases, sobre todo en boca de Candance, que a veces parece hablar desde un lugar anterior a la razón. Las acotaciones son sobrias, medidas, y dejan mucho espacio a la dirección y a la interpretación: no se trata de imponer imágenes, sino de sugerir atmósferas. Ese equilibrio entre lo concreto y lo abierto convierte a la pieza en un material fértil para la escena.

Desde una perspectiva literaria, *Están todos aquí* bebe de varias tradiciones sin dejar de ser singular. Se percibe la huella de Dickens en el retrato de la pobreza como engranaje del crimen; también resuenan ecos de Hardy en la sensación de destino inevitable, de mujeres arrastradas a un final trágico por fuerzas que las exceden. Pero sobre todo hay una voz propia, que utiliza esas resonancias para construir un relato que no se queda en el costumbrismo ni en el melodrama, sino que apunta al corazón de lo indecible: ¿qué ocurre cuando la infancia se convierte en moneda de cambio? ¿Qué tipo de sociedad produce a esas mujeres que, lejos de los manuales de monstruosidad, no son sino el reflejo deformado de la miseria colectiva? Uno de los grandes aciertos de la obra es no buscar redención. No hay un instante de consuelo, no hay posibilidad de escape. El intento de huida se frustra antes de empezar, y el final es la constatación de que los muertos, los olvidados, reclaman su lugar. Esa ausencia de alivio coloca al espectador en un lugar incómodo, pero también necesario: el de reconocer que hay heridas históricas que no pueden cerrarse con un simple acto judicial ni con una catarsis sentimental. El teatro, en este caso, no cura: recuerda. Y lo hace de una manera que persiste más allá de la última escena.

Los que no se van

La recepción de *Están todos aquí* en un contexto contemporáneo invita a pensar en la vigencia de sus temas. Aunque la acción esté anclada en el Londres de 1870, el texto no funciona como pieza de museo, sino como un espejo que devuelve preguntas incómodas a la actualidad. ¿Hasta qué punto hemos superado la lógica que convierte la infancia en mercancía? ¿En qué medida la precariedad sigue empujando a muchas mujeres a tomar decisiones impensables? La crudeza de la obra no radica tanto en mostrar un crimen del pasado como en obligarnos a reconocer la persistencia de las estructuras que lo hicieron posible.

La figura de Margaret Waters, ejecutada públicamente por infanticidio, puede leerse como antecedente de muchos fenómenos actuales en los que la responsabilidad de la miseria se personaliza en un individuo para tranquilizar la conciencia social. Se condena a una mujer como monstruo, se la exhibe, se la cuelga, y así el sistema parece quedar a salvo. La obra recuerda que esa condena ejemplar no resolvió nada: que tras Waters vinieron muchas más, que la pobreza no se erradicó, que los *slums* (barrios marginales) siguieron creciendo. El eco de esa dinámica resuena hoy cada vez que se estigmatiza a los vulnerables en lugar de revisar las causas estructurales de la desigualdad.

El humor negro de la obra, tan afilado, encuentra también un lugar fértil en la sensibilidad actual. En una época en la que el teatro y la narrativa exploran la ironía como forma de resistencia, la risa incómoda que provoca *Están todos aquí* conecta con un público que ya no confía en los discursos de solemnidad absoluta. Esa risa que surge en medio de lo insoportable convierte al espectador en cómplice, pero un cómplice vigilado: se ríe sabiendo que su risa le delata, que la carcajada no limpia, sino que mancha.

Desde la perspectiva de la escena contemporánea, la pieza se abre a múltiples posibilidades de puesta en escena. Una compañía que trabaje con recursos mínimos puede encontrar aquí un material poderoso: la escenografía es sencilla, el número de personajes reducido, y la fuerza recae en el trabajo actoral y en el diseño sonoro. A la vez, un montaje más ambicioso puede explorar el potencial del espacio sonoro envolvente, de las proyecciones, de las distorsiones lumínicas. Esa ductilidad es una virtud: *Están todos aquí* puede representarse tanto en un teatro institucional como en un espacio alternativo, y en ambos conservaría su intensidad.

Pero tal vez la clave de su vigencia resida en el modo en que devuelve protagonismo a voces silenciadas. En un tiempo en el que las artes escénicas buscan reescribir historias desde los márgenes, esta obra coloca en el centro a mujeres pobres, campesinas, invisibles. No las presenta como figuras planas ni como demonios, sino como seres contradictorios, empujados por la miseria, capaces de la ternura y del crimen, de la risa y del espanto. Esa complejidad es lo que les confiere una verdad dramática que resuena más allá de la época victoriana.

Así, *Están todos aquí* no se limita a contar un horror pasado: lo actualiza. El público contemporáneo no asistirá solo a la reconstrucción de un hecho histórico, sino a un interrogatorio íntimo: ¿qué haríamos nosotros en su lugar?, ¿cuál es el precio de la supervivencia?, ¿qué voces preferimos no escuchar para seguir viviendo tranquilos? El título se vuelve, entonces, una advertencia. No solo están todos los niños muertos, no solo están todas las víctimas de un siglo XIX despiadado: estamos todos aquí, en el mismo espacio, convocados por un teatro que nos obliga a reconocer que las ausencias siguen presentes, que los fantasmas aún reclaman su sitio.

En definitiva, *Están todos aquí* no es solo una obra sobre los muertos que regresan, sino sobre los vivos que prefieren no escucharlos. Y esa es quizá su mayor fuerza: recordarnos que el teatro, cuando se atreve a convocar fantasmas, nunca habla únicamente del pasado, sino del presente que aún los sostiene.

Bernardino Aranguren

Esta primera edición de *Están todos aquí*
de Francisco J. de los Ríos, terminó de imprimirse
en octubre de dos mil veinticinco,
en Madrid.